12,00

AF275059

Colección CEU-CEFAS

CENTRO DE ESTUDIOS, FORMACIÓN Y ANÁLISIS SOCIAL

Serie Minor

Consejo Editorial de CEU-CEFAS

Alfonso Bullón de Mendoza y Gómez de Valugera
Presidente

Elio A. Gallego García
Director Académico

Rémi Brague

Alfredo Cruz Prados

Alvino-Mario Fantini

María del Carmen Fernández de la Cigoña Cantero

Gregorio Izquierdo Llanes

Consuelo Martínez-Sicluna y Sepúlveda

Jerónimo Molina Cano

Dalmacio Negro Pavón

Jaime Nogueira Pinto

Benigno Pendás García

José Antonio Pérez Ramos

Carlos Rodríguez Braun

Manuel Alejandro Rodríguez de la Peña

Jorge Soley Climent

Pablo Velasco Quintana

ANÁLISIS DE UN ESCRITO DE J.-J. ROUSSEAU SOBRE LA DESIGUALDAD DE CONDICIONES ENTRE LOS HOMBRES

Joseph de Maistre

ANÁLISIS DE UN ESCRITO DE J.-J. ROUSSEAU SOBRE LA DESIGUALDAD DE CONDICIONES ENTRE LOS HOMBRES

Traducción
Blanca Millán García

Prólogo
Jorge Soley Climent

CEU Ediciones

Título original: *Examen d'un écrit de J.-J. Rousseau
sur l'inégalité des conditions parmi les hommes*
[*Oeuvres complètes*, 14 vols., Lyon, E. Vitte, 1884-1893,
vol. 7, pp. 509-566]

Primera edición: octubre de 2024
Todos los derechos reservados
© CEU Ediciones

Calle Julián Romea, 18
28003 Madrid | España
Teléfono: (+34) 91 514 05 73
ceuediciones@ceu.es

ISBN: 978-84-19976-46-8
Depósito legal: M-22637-2024

Impreso en España

·

Prólogo

Apuntes biográficos

Joseph-Marie de Maistre, llamado a convertirse en uno de los principales pensadores contrarrevolucionarios, nace en Chambéry, capital del ducado de Saboya, el 1 de abril de 1753. Hijo del juez François-Xavier (1705-1789) y de la noble Christine Demotz (1722-1774), será el mayor de diez hermanos. Su padre será ennoblecido en 1778 con el título de conde, que Joseph heredará, por los servicios prestados al reino de Cerdeña. De lengua y cultura francesas, Joseph crece en un ambiente cultivado y piadoso. Cuando Joseph aún no ha cumplido los 20 años, su hermano Xavier enferma de rubeola. Su madre no duda en ir a cuidar al hijo enfermo, que superará la enfermedad, pero ella se contagia y fallece poco después. Con un padre que ya ha cumplido 70 años, Joseph es el único hermano en edad de trabajar y asume la responsabilidad de sacar adelante a su familia.

Tras finalizar sus estudios de Derecho en Turín en 1772, seguirá los pasos paternos y se convertirá en juez en su ciudad natal, donde no se mostrará para nada como «amigo del verdugo», una acusación que más adelante tuvo que sufrir. Es en esa época cuando, en 1774, ingresa en una logia masónica de rito inglés, que abandonará más adelante para incorporarse a otra logia, esta vez de rito escocés y más acorde con su gusto por el esoterismo. Su paso por la masonería significó un rechazo al racionalismo ilustrado, pero al mismo tiempo fue allí donde recibió la influencia de una especie de iluminismo 'cristiano' del que nunca renegó por completo.

En 1786 se casa con la noble Francisca-Margarita de Morand, con quien tuvo tres hijos (Adela, Constanza y Rodolfo).

En su formación inicial jugará un papel destacado el estudio de los clásicos, en especial del filósofo griego Platón y del también filósofo y escritor griego Plutarco. De ellos escribirá que «Platón se encuentra siempre el primero en el camino de todas las grandes verdades» y «no hay una sola idea sana en moral y política que haya escapado al buen sentido de Plutarco». Entre sus intereses intelectuales también se cuentan los Padres y Doctores de la Iglesia, la literatura mística y esotérica, así como los filósofos modernos de su tiempo.

En 1788 De Maistre se convertirá en senador del reino de Saboya. Son tiempos de agitación en la vecina Francia, que ya ocupa un importante lugar en sus reflexiones. Partidario de la monarquía, se muestra no obstante crítico con la evolución de la misma a lo largo de los siglos XVII y XVIII hacia el absolutismo y el despotismo ilustrado, contra los que defiende el «retorno a la antigua forma». Al estallar la Revolución francesa en 1789 ve en ella, en un primer momento, la posibilidad de una reforma positiva del Antiguo Régimen. Su desarrollo, pero sobre todo la lectura de las *Reflexiones sobre la Revolución en Francia* de Edmund Burke, publicadas en 1790, le hacen cambiar de opinión. A partir de ese momento se posicionará contra quienes pretenden levantar un sistema que haga tabula rasa de la historia y las tradiciones, advirtiendo de que un aluvión de desgracias iba a ser la consecuencia lógica de aquella revolución.

En 1792, cuando la invasión de las tropas revolucionarias francesas llega a Saboya, De Maistre abandona Chambéry y, fiel a su rey, encuentra refugio en Turín. El avance francés, no obstante, le obligará a exiliarse en Lausana, Suiza, donde permanecerá durante cuatro años, dando inicio al largo periplo en el exilio que vivió, en muchas ocasiones, en medio de penurias económicas. Al año siguiente, en 1793, publica las *Cartas de un saboyano monárquico a sus compatriotas*, un texto que defiende la causa monárquica en el contexto de un intento de reconquista de Saboya por parte de tropas austro-sardas. La obra, muy influida por Burke, condena las peligrosas «máximas generales» que inspiran la política revolucionaria, mostrando que aquellas, en realidad, son la negación de lo que dicen defender: los jacobinos proclaman la libertad y los derechos humanos, pero se convierten en sus peores enemigos. Sin necesidad de pomposas proclamas, la Casa de Saboya ha sido capaz de dar paz y libertad porque, sostiene De Maistre, la monarquía se muestra superior a otras formas de gobierno por su capacidad para garantizar la paz y la estabilidad social. Ese mismo año su esposa tiene que regresar precipitadamente a Saboya, acompañada de sus dos hijos mayores, Adela y Rodolfo, a inicios de 1793, para evitar la confiscación del patrimonio familiar. Nada más llegar a su casa dará a luz a su tercer hijo, Constanza, que permanecerá con su abuela y no podrá conocer a su padre hasta veinte años después.

Tras la derrota de las fuerzas austro-sardas, De Maistre contempla con horror la brutalidad asesina que se extiende por toda Francia, como por ejemplo las acciones de Fouché en Lyon, que le horrorizan. Es entonces cuando, en 1794, empieza a escribir su *Estudio sobre la soberanía*, donde critica las teorías de Rousseau en *El contrato social*, de quien dirá que es «el hombre del mundo que más se ha equivocado». A partir de numerosas referencias y ejemplos, que se remontan hasta la Antigüedad, De Maistre defiende el origen divino de la soberanía, sobre el que se fundan tanto el derecho como la monarquía. A finales de 1796, tras las elecciones de germinal del año v, que le permiten vislumbrar la posibilidad de un restablecimiento de la monarquía, escribe la que será su obra más popular, las *Consideraciones sobre Francia*. En esta obra no se limita a los aspectos estrictamente políticos, sino que ofrece una interpretación teológica de la Revolución: la Providencia, sostiene De Maistre, ha permitido los sucesos revolucionarios como un medio para regenerar Francia.

En 1797 puede regresar a su patria, donde en 1799 se le confía la dirección de la Cancillería de Cagliari. Durante su estancia en Cagliari, donde ejerce como juez desde 1800 hasta 1802, conoce los testimonios de primera mano de víctimas de la Revolución, especialmente de algunos que pudieron escapar a la terrible represión jacobina en Lyon. La dimensión de la masacre le convence de que no está asistiendo a un suceso histórico más, sino al nacimiento de lo que, en sus propias palabras, denomina una nueva «época del mundo».

Interrogándose sobre las causas de los sucesos que se iniciaron en 1789, De Maistre se muestra convencido de que no se trata de un ataque ni contra determinadas instituciones, ni contra determinadas personas, sino esencialmente contra toda una civilización, atacada en sus cimientos por motivos de orden espiritual. Como escribe Jean-Louis Scheffer en *Traités sur les Sacrifices*, «el autor de las *Veladas* es sin duda el único filósofo de su época que comprende que la Revolución no puso fin a un modo de gestión del poder, que no pensó que su éxito sería, al fin y al cabo, benéfico en tanto reforma administrativa, que la brutalidad revolucionaria acompañaba el ascenso al poder de una nueva clase, sino que comprendió que significaba, sencillamente, el fin de una civilización fundamentalmente religiosa.»

En 1802 el rey Víctor Manuel I de Saboya toma una decisión que marcará la vida de Joseph de Maistre cuando le envía a San Petersburgo como ministro plenipotenciario ante el zar Alejandro I Romanov. Cuando, en 1803, De Maistre llega a Rusia, donde se establecerá durante catorce años, lo hace en representación de un reino que no pasa por sus mejores momentos: el reino de Piamonte-Cerdeña, al que la Francia revolucionaria había arrebatado Saboya y Niza en 1792, se había visto obligado por la fuerza de las armas a entregar también el Piamonte en 1797 como consecuencia de la campaña de Italia. La corona, empobrecida y reducida geográficamente al espacio de su isla, se sostiene solamente gracias a las ayudas que recibe de Inglaterra, Austria o Rusia.

Debido a la desastrosa situación de las arcas del reino y a un decreto del Consulado que obliga a los saboyardos ausentes de sus lugares de residencia a regresar a los mismos, De Maistre parte a Rusia sin la compañía de su familia, con la que no pudo volver a reunirse hasta 1814, si bien su hijo Rodolfo se le unirá antes, al convertirse en su secretario en la legación en Rusia. Allí, De Maistre se convierte en testigo de primera mano de la política internacional durante el periodo napoleónico. Poco valorado por sus superiores, desarrolla sin embargo una importante actividad en la corte rusa, donde se convierte en alguien respetado e influyente. Sabedor de que su correspondencia era leída con atención por agentes rusos, decide no codificarla y, de hecho, sus disertaciones van más dirigidas a influir en la corte del zar, y en especial en el joven zar Alejandro I, que en la corte sarda.

Su apoyo a la presencia y acción de los jesuitas en Rusia y la conversión al catolicismo de algunos miembros de la nobleza rusa provocan que el Zar exija su regreso al reino de Saboya en 1817, dando por finalizado este fructífero periodo de su vida.

Periodo ruso que también será rico en producción editorial. Lejos del fragor de Francia, en la ciudad de Pedro el Grande, De Maistre va a encontrar las condiciones para una reflexión serena y profunda sobre la agitada época que le ha tocado vivir. A orillas del Neva escribirá el *Ensayo sobre el principio generador de las constituciones políticas y otras instituciones humanas*, que publicará en 1814 su amigo el vizconde Louis-Gabriel-Ambroise de Bonald, con quien mantuvo correspondencia en aquellos años; las *Cartas sobre la Inquisición española*, y el *Examen de la filosofía de Bacon*, en el que atribuye al filósofo inglés la introducción del experimentalismo y el ateísmo en filosofía.

De regreso a Turín, es nombrado regente de la Gran Cancillería del Reino en 1818. Es en esta época cuando conoce al venerable Pío Brunone Lanteri y su obra, *Amicizie Cattoliche*. Tras acabar la redacción del libro *Del Papa*, este es publicado en 1819, provocando controversias y la incomprensión de muchos de quienes le habían apoyado anteriormente. El libro denuncia el galicanismo y el protestantismo como portadores de un democratismo que habría dado pie a la locura revolucionaria y defiende la institución del Papado como la mejor solución para el «mayor problema europeo», a saber, «cómo se puede restringir el poder soberano sin destruirlo». Asimismo defiende la autoridad espiritual y temporal del Papa como instancia última y superior a las soberanías políticas.

El invierno de 1820 la salud de Joseph de Maistre empeora considerablemente. Agotado y enfermo, no puede escribir su última obra, *Las veladas de San Petersburgo*, que dicta a su hija Constanza. De Maistre fallece en Turín el 26 de febrero de 1821, rodeado de los suyos, a la edad de 68 años. El defensor de la monarquía no recibió ningún mensaje de condolencia de los reyes a quienes había servido; el defensor del Papado y de la infalibilidad dogmática del sucesor de Pedro tampoco recibió reconocimiento alguno por parte de Pío VII, a quien había querido dedicar su obra *Del Papa*; los jesuitas, a quienes había defendido infatigablemente en Chambéry, Cagliari o San Petersburgo y que habían sido la causa de su expulsión de la corte rusa, tampoco se manifestaron en el momento de su muerte. Estos últimos, no obstante, pudieron rectificar su silencio doce años después, cuando aceptaron acoger sus restos en la cripta de la iglesia de los Mártires, la capilla necrópolis de la Compañía de Jesús en Turín.

Teología de la historia

El punto de partida del pensamiento de De Maistre es que «todo nos remite al autor de todas las cosas. [...] todo procede de Él, con excepción del mal.»[1] Así pues, concibe el curso de la historia como guiado por la mano de la Providencia, con la que los hombres pueden colaborar o a la que pueden oponerse... en última instancia en vano. «Todos estamos atados al trono del Ser supremo con una cadena flexible que nos sujeta sin esclavizarnos»,[2] escribe, y son esos hombres quienes, de manera misteriosa, «actúan a la vez voluntaria y necesariamente: hacen realmente lo que quieren, pero sin poder impedir los planes generales» de la Divina Providencia.[3] De estos axiomas se derivan al menos dos corolarios: que toda esfera de la realidad humana debe someterse a la soberanía de Dios si no quiere degradarse y, a fin de cuentas, ser estéril; y que todo

---

[1] *Étude sur la souveraineté* (1794-1797, post.).
[2] *Considérations sur la France* (Londres [Bâle], 1796).
[3] *Ibidem.*

lo que sucede, incluso el mal, es tolerado y gobernado por la Providencia divina mediante designios desconocidos para el hombre, a los que debe confiarse con humildad y oración: «Contentémonos con saber que todo tiene su razón, que algún día conoceremos. No nos empeñemos en saber por qué, ni siquiera cuando sea posible vislumbrarlo. La naturaleza de los seres, las operaciones de la inteligencia y los límites de lo posible nos son desconocidos.»[4] Y añade: «Creo que todas las cosas que vemos nos conducen al bien por caminos desconocidos. Esta idea me consuela totalmente; pero ¿cuándo y cómo alcanzaremos este bien? He aquí el secreto de la Providencia.»[5]

Para De Maistre, en neta contraposición a lo sostenido por Rousseau, la noción de «pecado original» es clave para entender al hombre y la historia. Con el pecado original el hombre ha intentado alejarse de su propio Principio, deseando ser como Dios, creyéndose capaz de ser creador. El mal penetró así en el mundo y desfiguró la imagen de Dios en el hombre, precipitándolo desde la cumbre de la civilización al abismo de la ignorancia y la culpa.

Frente al estado de la naturaleza caída, Jesucristo nos devuelve, gracias a su sacrificio, las verdades de la tradición adámica que la humanidad pagana había corrompido pero, de algún modo, habría también conservado. Aquí De Maistre se muestra como teórico tradicionalista, escribiendo que «las tradiciones antiguas son todas verdaderas; [...]

---

[4] *Œuvres complètes de Joseph de Maistre* (Lyon, 1884-1886, 14 vols.).
[5] *Ibidem.*

todo el paganismo no es más que un sistema de verdades corrompidas y desubicadas; [...] basta, por así decirlo, limpiarlas y ponerlas en su sitio para verlas brillar a plena luz.»[6]

El mal, en la visión de De Maistre, se convierte tras el sacrificio de la Cruz en medicina que nos corrige. Corresponde ahora al hombre decidir si quiere seguir a Cristo y cargar con su propia cruz, en la que el mal es instrumento de expiación, o distanciarse aún más de Dios, encerrándose en un 'autocastigo' que es prefiguración terrena del infierno, entendido como radical alejamiento de Dios.

Teología y política

Ese alejamiento de Dios, el haberlo expulsado de nuestras vidas y de nuestras sociedades, constituye según De Maistre la clave de lo que ha sucedido en Europa en los siglos que le preceden. Primero con el protestantismo, que elimina todo orden jerárquico y toda obediencia al Sumo Pontífice, exaltando la razón individual mediante la doctrina del libre examen.

Luego, escribirá, del ámbito religioso el daño se extenderá al ámbito de la cultura: «A principios del siglo pasado [el siglo XVIII], aquellos a quienes el protestantismo había desarraigado se lanzaron a la impiedad. Bayle había

---

[6]   *Les Soirées de Saint-Pétersbourg* ou *Entretiens sur le gouvernement temporel de la Providence, suivies d'un Traité sur les Sacrifices,* ed. Rodolphe de Maistre, J.B. Pélagaud et Cie., imprimeurs-libraires (Lyon et Paris), 1821, 2 vol. post.).

izado la bandera y por todas partes había un fermento sordo, una orgullosa revuelta contra todas las verdades tradicionales.»[7] De Maistre percibe la raíz profunda de la Ilustración en lo que designa como 'teofobia': «La filosofía del siglo pasado –que a los ojos de la posteridad aparecerá como una de las épocas más vergonzosas del espíritu humano– [...] tenía como objetivo preferente, yo diría casi único, separar al hombre de Dios. Toda esta filosofía no era en realidad más que un auténtico sistema de ateísmo práctico; le he dado un nombre a esta extraña enfermedad: teofobia. Observad bien y la descubriréis en todas las obras filosóficas del siglo XVIII. No dicen abiertamente: "Dios no existe", afirmación que podría haber traído consigo algunos inconvenientes prácticos; dicen por el contrario: "Dios no está aquí. No está en tus ideas, que proceden de los sentidos; no está en tus pensamientos, que no son sino sensaciones reelaboradas; no está en los flagelos que te afligen, que son fenómenos físicos como cualquiera otro, explicables por leyes que conocemos. Dios no piensa en ti; no ha hecho nada por ti en particular; el mundo está hecho tanto para el insecto como para ti. Dios no se preocupa de ti porque eres demasiado insignificante", etc. En resumen, ante la sola mención de Dios, esta filosofía convulsiona. Incluso algunos escritores de la época, infinitamente por encima de las masas y valiosos por excelentes intuiciones parciales, han negado sin vacilar la Creación. ¿Cómo hablarles de castigos celestiales sin

---

[7] *Œuvres complètes de Joseph de Maistre* (Lyon, 1884-1886, 14 vols.).

enfurecerlos? "Ningún acontecimiento físico que concierna al hombre puede tener una causa superior": este es su dogma. Puede que no siempre se atrevan a articularlo de forma general, pero llegado el caso, lo aplicarán.»[8]

Así llegamos a la teoría del buen salvaje de Rousseau, negadora del pecado original al defender que son la sociedad y la civilización las que corrompen al hombre, que De Maistre contemplará con espanto y a la que combatirá con denuedo en numerosos y certeros escritos. Frente a la delirante teoría roussoniana, De Maistre empieza recordando cómo todo el mundo reconoce el mal que anida en el hombre: «Sobre esta corrupción de la naturaleza humana todos los observadores están de acuerdo, y Ovidio habla igual que San Pablo: reconozco el bien, lo quiero, pero es el mal el que me seduce. ¡Dios mío! ¡Qué guerra tan cruel! Siento que hay dos hombres en mí. También Jenofonte exclamó por boca de un personaje de la *Ciropedia*: "¡Ah! Ahora me conozco, y son mis sentidos los que atestiguan que poseo dos almas distintas, una que me conduce al bien y otra que me arrastra al mal". Epicteto amonestó al hombre que se propone avanzar hacia la perfección a desconfiar de sí mismo como de un enemigo y un traidor. Y el más excelente moralista que jamás haya escrito [el autor de la *Imitación de Cristo*] no se equivocaba al decir que el fin último de todos nuestros esfuerzos debe ser hacernos más fuertes que nosotros mismos. Sobre este punto Rousseau no puede realmente contradecir la conciencia

---

[8] *Les Soirées de Saint-Pétersbourg.*

universal. Los hombres son malos, una triste y continua experiencia nos dispensa de toda prueba.»⁹

La visión de De Maistre es, pues, antitética a la de Rousseau, contemplando en la sociedad y la civilización precisamente aquello que impide la autodestrucción del hombre: «Puesto que el hombre está formado por un principio que recomienda el bien y otro que hace el mal, ¿cómo puede tal ser vivir con sus semejantes? Hobbes tiene toda la razón, siempre que no se le dé a sus principios una extensión demasiado amplia: la sociedad es realmente un estado de guerra y aquí encontramos, por tanto, la necesidad del gobierno, porque en la medida en que el hombre es malo tiene que ser gobernado; es necesario, cuando muchos quieren lo mismo, que un poder superior a todos lo adjudique y les impida luchar entre ellos.»¹⁰ Para impedir esa guerra civil se requiere el poder sancionador del Estado, lo que lleva a De Maistre a hacer una de sus afirmaciones más polémicas y mal entendidas; nos referimos a su defensa del verdugo como pilar sobre el que se fundamenta la paz y la vida civil en concordia: «No es agradable que la horca sea un componente necesario de la administración pública; sin embargo, no hay nada más cierto.»¹¹ No hay aquí apología de la ejecución ni del verdugo, sino constatación de que el mantenimiento del

---

⁹ *De l'État de nature* ou *Examen d'un écrit de Jean-Jacques Rousseau sur l'inégalité des conditions* (1795).

¹⁰ *Ibidem.*

¹¹ *Mémoires politiques et correspondance diplomatique*, ed. Albert Blanc (París, 1858).

orden y de la paz civil exige medidas que en ocasiones pueden resultar desagradables.

De Maistre continúa analizando y mostrando los errores de la teoría contractualista, que considera ligada a la teoría del buen salvaje y que caracteriza por un individualismo negador de todo vínculo, una razón individual que pretende estar por encima de toda tradición y, por último, la idea de soberanía popular. «En el siglo XVI las revueltas religiosas atribuyeron la soberanía en la Iglesia al pueblo. El XVIII no hizo otra cosa que trasladar estos preceptos a la política; es el mismo sistema, la misma teoría, llevada hasta el extremo. ¿Qué diferencia hay entre la Iglesia de Dios, guiada únicamente por su palabra, y la gran república una e indivisible, gobernada únicamente por las leyes y los diputados del pueblo soberano? Ninguna. Es la misma locura, en otra época y con otro nombre.»[12] Esta identificación entre protestantismo y revolución política procede de la observación, muy importante para comprender el pensamiento de De Maistre, de que «las verdades teológicas no son más que verdades generales puestas de manifiesto en el plano religioso, de modo que no es posible atacarlas sin atacar al mismo tiempo una ley mundana.»[13]

De Maistre considera toda autoridad como absoluta en su ámbito de competencia, esto es, en el sentido de que es la última instancia que necesariamente debe ser escuchada. En efecto, no cabe imaginar, argumenta, que alguien

---

[12] *Du Pape* (Lyon, 1819).
[13] *Ibidem.*

que reciba una sentencia la rechace afirmando que no la acepta, y eso incluso en el caso de un error judicial. ¿Qué pasaría con una autoridad que no tuviera el respeto de sus súbditos? Sería la anarquía, advierte De Maistre, que es mucho peor que un error judicial. En el caso de la Iglesia, el razonamiento es similar, aunque en este caso la infalibilidad, en lo que se refiere a la fe y la moral, está garantizada no solo de hecho, como sucede con las autoridades humanas, sino también por la asistencia divina asegurada a la Iglesia. De este modo, el protestante que ataca la autoridad del Papa, al trasladar la instancia final del juicio al libre examen del individuo, abre por analogía el espacio para que quienes niegan la soberanía decidan qué hacer por sí mismos. Queda así claro para De Maistre cómo la polémica antimonárquica de la Ilustración disimula, con el sofisma de la identificación entre monarquía y soberanía, el verdadero objetivo de los filósofos: «Sí, toda soberanía procede de Dios, cualquiera que sea la forma que adopte, no es en absoluto obra del hombre. Es una, absoluta y, por su propia naturaleza, inviolable. ¿Por qué obstinarse contra la monarquía, como si los inconvenientes que se toman como pretexto para combatir este sistema no fueran los mismos en toda forma de gobierno?».[14] Lo que el revolucionario ataca no es el modo concreto con que se nos presenta la autoridad, sino el hecho mismo de que exista autoridad: el revolucionario quiere extender el libre examen a todo

---

[14] *Étude sur la souveraineté.*

para tener el mayor espacio posible para la arbitrariedad en el mayor número posible de ámbitos como sea posible.

Este delirio de pretendida omnipotencia impulsa al revolucionario a rechazar todo lo que le ha precedido. Para De Maistre, solo es concebible como un acto de soberbia intentar construir las sociedades y sus constituciones desde un escritorio con total desprecio de sus raíces religiosas y de la historia secular, si no milenaria, de una nación. «Fue una ridícula presunción del siglo pasado querer juzgarlo todo sobre la base de reglas abstractas, sin tener en cuenta la experiencia; presunción tanto más singular cuanto que este mismo siglo no dejó de gritar contra todos aquellos filósofos que parten de principios abstractos en lugar de basarse en la experiencia.»[15] En otra ocasión escribirá: «La historia es la política experimental, es decir, la única buena; y así como en física cien volúmenes de teorías especulativas desaparecen ante una sola experiencia, del mismo modo en ciencia política no puede admitirse ningún sistema si no es el corolario más o menos probable de hechos bien establecidos.»[16]

Los principios en que se funda De Maistre arrojan una poderosa luz a la naturaleza profunda de la Revolución. Un pasaje de De Maistre es particularmente preciso para resumir su juicio histórico sobre este acontecimiento epocal: «Puesto que toda Europa había sido civilizada por el cristianismo, y puesto que los ministros de esta religión habían conseguido

---

[15] *Du Pape.*
[16] *Étude sur la souveraineté.*

en todos los países gozar de autoridad, las instituciones civiles y religiosas se habían mezclado y como amalgamado de una manera asombrosa, de modo que se podía decir de todos los Estados de Europa aquello que, con mayor o menor verdad, Gibbon dijo de Francia: que ese reino había sido hecho por los obispos. Era, pues, inevitable que la filosofía del siglo no tardara en odiar las instituciones sociales que no le era posible separar del principio religioso. Y así sucedió: todos los gobiernos, todas las instituciones de Europa, le resultaron desagradables porque eran cristianas; y en la medida en que eran cristianas, un malestar, un descontento universal se apoderó de todas las mentes. En Francia especialmente, la cólera filosófica no conoció límites; y pronto, de tantas voces unidas formando una sola y formidable voz, allí se oyó aquel grito en medio de la culpable Europa:

«¡Déjanos en paz! ¿Tendremos que temblar eternamente ante los sacerdotes y recibiremos la enseñanza que les plazca impartirnos? La verdad, en toda Europa, está oculta por los humos del incensario; ya es hora de que salga de esa nube fatal. No hablaremos más de ti a nuestros hijos; serán ellos, cuando sean hombres, quienes sepan si es que eres y qué es lo que eres y lo que les pides. Lo sentimos, porque tu nombre está escrito en todo lo que existe. Queremos destruirlo todo y rehacerlo todo sin ti. Fuera de nuestros consejos, fuera de nuestras academias, fuera de nuestras casas: sabremos hacerlo nosotros mismos; nos basta la razón. ¡Déjanos en paz!

[27]

¿Cómo castigó Dios este execrable engaño? Lo castigó como creó la luz, con una sola palabra. Dijo: ¡Hágase! Y el mundo político se derrumbó.

[...] Por una parte, el principio religioso preside todas las creaciones políticas; por otra, todo desaparece apenas se retira.»[17]

Defensa del Papado

La visión de De Maistre de la función del Papado no es una mera anécdota ni resulta ajena a su concepción de la autoridad, sino que se funda en el convencimiento de que toda autoridad es de origen divino: «Dios, que ha hecho tanto la naturaleza como la Iglesia, no podía poner las leyes de su Iglesia en contradicción con las de la naturaleza.»[18]

Por eso, De Maistre observa en el colapso de la civilización occidental una coherencia interna que se inicia con la eliminación de su piedra angular, el Papado: «La rabia antirreligiosa del siglo pasado contra todas las verdades e instituciones cristianas se dirigió sobre todo contra la Santa Sede. Los conspiradores sabían bien, y por desgracia mucho mejor que multitud de hombres bienintencionados, que el cristianismo descansa totalmente en el Sumo Pontífice. Por lo tanto fue en este sentido que dirigieron todos sus esfuerzos. Si hubieran propuesto a los gobiernos católicos medidas

---

[17] *Essai sur le principe générateur des constitutions politiques* (Saint-Petersbourg, 1814).
[18] *Ibidem.*

explícitamente anticristianas, el temor o el pudor, a falta de motivos más nobles, habrían bastado para rechazarlas; por ello tendieron una ingeniosa trampa a los príncipes.

Les presentaron la Santa Sede como el enemigo natural de los tronos; la cubrieron de calumnias, de sospechas de todo tipo; trataron de ponerla en conflicto con la razón de Estado... A fuerza de usurpaciones, de violencias, de argucias, de prevaricaciones de todo tipo, hicieron la política romana lenta, desconfiada, cautelosa; más tarde la acusaron de los defectos que ellos mismos le habían atribuido. Finalmente consiguieron sus objetivos con tanto éxito que es para echarse a temblar.»[19]

De Maistre reflexiona con ironía al respecto: «¿Se ha visto alguna vez a los protestantes divertirse escribiendo libros contra la Iglesia griega, nestoriana, siríaca, etc., que profesan dogmas aborrecidos por el protestantismo? Se guardan muy bien de ello. Al contrario, protegen a estas iglesias, las adulan y están dispuestos a unirse a ellas, considerando siempre a los enemigos de la Santa Sede como verdaderos aliados.

El incrédulo, por su parte, se ríe de los disidentes y se sirve de todos, perfectamente seguro de que todos, en mayor o menor medida, y cada uno a su manera, hacen avanzar su gran obra, es decir, la destrucción del cristianismo.»[20]

Pero el Papa, en la visión de De Maistre, no solamente es el baluarte remoto del poder político, sino también el único límite a su potencial deriva arbitraria. En efecto, como ya hemos visto, toda autoridad tiene la última palabra en su

---

[19]   *Du Pape*.
[20]   *Ibidem*.

propio ámbito. Pero puede abusar de esta su prerrogativa: el poder político es necesario, pero puede ser arbitrario. «El gran problema no será, pues, el de impedir que el soberano quiera invenciblemente, lo que implicaría contradicción; sino el de impedir que quiera injustamente»,[21] advierte De Maistre. ¿Cómo hacer frente a un poder que debe tener la última palabra, pero cuya última palabra puede ser injusta? En terminología actual se podría expresar este interrogante así: ¿cómo hacer frente a un poder que se vuelve totalitario y, por tanto, inmoral? ¿Quién puede dispensar al ciudadano de la obediencia a una ley injusta?

De Maistre expone así el problema y ofrece una solución que no es otra que la capacidad dispensadora que, por su especial naturaleza, solo puede poseer el Papa:

> «No está en el poder del hombre crear una ley que no necesite ninguna excepción. Esta incapacidad resulta a partes iguales de la debilidad humana, que no pudo preverlo todo, y de la naturaleza misma de las cosas, que varían tanto que por su mismo movimiento sobrepasan los límites de la ley, y que dispuestas por gradaciones insensibles bajo géneros comunes, no pueden ser comprendidas por un nombre total que no sea falso en sus matices.
>
> De aquí resulta, en todas las legislaciones, la necesidad de un poder dispensador. Porque donde no hay dispensa, hay violación.

---

[21] *Étude sur la souveraineté.*

Pero toda violación de la ley es peligrosa o mortal para la ley misma, mientras que toda dispensa la fortalece: pues no se puede pedir ser dispensado de ella sin rendirle homenaje y reconocer que individualmente no se puede nada contra ella.

La ley que prescribe la obediencia a los gobernantes es una ley general como todas las demás; es buena, justa y necesaria en general. Pero si Nerón está en el trono, puede aparecer como imperfecta.

Entonces, ¿por qué no habría que haber en tales casos una dispensa de la ley general, justificada por circunstancias del todo imprevistas? ¿No es mejor actuar con conocimiento de causa y en nombre de la autoridad, en lugar de precipitarse sobre el tirano con un ímpetu ciego que tiene todas las apariencias del crimen?

Pero ¿a quién debemos dirigirnos para esta dispensa? Siendo para nosotros la soberanía una cosa sagrada, una emanación del poder divino, que las naciones de todos los tiempos han puesto siempre bajo la custodia de la religión, pero que el cristianismo sobre todo ha tomado bajo su especial protección, prescribiéndonos ver en el soberano un representante y una imagen de Dios mismo, no era absurdo pensar que, para ser dispensados del juramento de fidelidad, no había otra autoridad competente que ese alto poder espiritual, único en la tierra, cuyas sublimes prerrogativas constituyen una parte de la revelación.

Entre el juramento de fidelidad sin restricciones que expone a los hombres a todos los horrores de la tiranía, y la resistencia sin reglas que los expone a todos los de la anarquía, la dispensa de este juramento, pronunciada por la soberanía espiritual, bien podía presentarse a la mente humana como el único medio de restringir la autoridad temporal sin anular sus atributos.»[22]

Verdadera y falsa Restauración

La Restauración que se deriva del Congreso de Viena (1814-1815), denuncia De Maistre, solo fue tal de fachada: «El problema planteado por todas partes es este: Encontrar los medios de restablecer el orden golpeando lo menos posible a los revolucionarios y a sus actos, mientras que el problema, por el contrario, debería ser este: Encontrar los medios de aplastar lo más posible a los revolucionarios y a sus actos, sin poner en peligro a las autoridades legítimas.»[23]

Y añade sobre esta cuestión:

«Derribada al final por un huracán sobrenatural, hemos visto levantarse a esta dinastía [francesa] tan preciosa para Europa por un milagro que promete

---

[22]   *Du Pape.*

[23]   *Mémoires politiques et correspondance diplomatique*, ed. Albert Blanc (París, 1858).

otros, y que debe infundir a todos los franceses un valor religioso; pero el colmo de la desgracia, para ellos, sería creer que la revolución ha terminado, que la columna ha vuelto a su sitio, solo porque ha sido restaurada. Por el contrario, deben creer que el espíritu revolucionario es sin comparación más fuerte y más peligroso que hace unos años. El poderoso usurpador solo lo utilizó para sí mismo. Supo comprimirlo en su mano de hierro y reducirlo a una especie de monopolio en provecho de su corona. Pero desde que se han abrazado la justicia y la paz, el genio maligno ha dejado de tener miedo; y en vez de suscitar un solo foco, ha vuelto a producir un fermento general en una inmensa superficie.»[24]

De Maistre concluye lapidariamente: «No terminaré sin señalar a Vuestra Excelencia que uno se engañaría infinitamente si creyera que Luis XVIII ha vuelto a sentarse en el trono de sus antepasados. Solo ha subido al trono de Bonaparte.»[25]

¿Aspira De Maistre a una Restauración que actúe como si la Revolución nunca hubiera ocurrido? No es ese su planteamiento: «A mi modo de ver, el proyecto de embotellar el lago de Ginebra es mucho menos descabellado que el de restablecer las cosas exactamente como estaban antes de la Revolución.»[26] Y en otra ocasión: «Esta

---

[24] *Du Pape.*

[25] *Mémoires politiques et correspondance diplomatique.*

[26] *Œuvres complètes de Joseph de Maistre.*

Revolución no puede terminar con un retorno al antiguo estado de cosas, lo que parece imposible, sino con la rectificación del estado en el que hemos caído.»[27]

¿Qué hacer entonces? En primer lugar, es necesario identificar la profundidad metafísica de la crisis que vive Europa: «[...] La revolución no se parece a nada que hayamos visto en el pasado. Es satánica en su esencia. Nunca se extinguirá totalmente salvo por el principio opuesto.»[28]

Si la Revolución es satánica, no se trata de un malentendido, ni siquiera de un error: es la declinación humana e histórica del «*non serviam*». Por eso el «principio opuesto» invocado antes solo puede ser el de la conversión personal: «La razón eterna ha hablado y sus oráculos infalibles nos han señalado el orgullo como principio de todos los crímenes; este principio terrible se ha desatado sobre Europa desde que estos filósofos os despojaron de la fe de vuestros padres. El odio a la autoridad es el azote de nuestros días: el único remedio para este mal está en las máximas sagradas que os han obligado a olvidar. Arquímedes sabía bien que para mover el mundo era necesario un punto de apoyo fuera del mundo.

Son el ateísmo y la inmoralidad los que instigan la revuelta y la insurrección. Mirad lo que sucede ante vuestros ojos: a la primera señal de revolución, la virtud se esconde y solo actúa el crimen. ¿Qué es, pues, esta libertad que solo tiene por fundadores, por instigadores y por apóstoles a hombres perversos? ¡Ah! Tenéis un medio

---

[27] *Ibidem.*

[28] *Du Pape.*

[34]

seguro para realizar grandes y saludables revoluciones. En vez de escuchar a los predicadores de revueltas, trabajad en vosotros mismos: porque sois vosotros los que hacéis los gobiernos, y éstos no pueden ser malos si vosotros sois buenos.»[29] Y en otro lugar contesta: «Se dice: ya no hay manera de restablecer el antiguo orden de cosas; ni siquiera sus elementos existen ya. Pero los elementos de todas las Constituciones son los hombres; ¿es que ya no hay hombres en Francia?».[30]

La conversión de cada persona es pues el punto de partida de la sanación y superación de la crisis que afecta a Europa. De Maistre no propone, contra la Revolución, empezar por nuevas reconfiguraciones de Estados, ni nuevas dinastías gobernantes, ni siquiera nuevas leyes, aunque no descarte ninguno de estos medios. Pero habiendo identificado la Revolución, con una claridad poco común, como una revuelta no primordialmente política sino metafísica, entiende que lo primero y esencial es invitar a los hombres a la conversión.

Este convencimiento se une, en De Maistre, a una actitud que valora ante todo la virtud de la prudencia, encargada de desenredar la embrollada madeja en que la Revolución ha convertido las distintas comunidades políticas, aislando lo malo y valorando lo que hay de bueno. Actitud que le hace desconfiar de ciertas dinámicas: «Ciertamente, no me gustan las asambleas populares tanto como a otros... Si hay una máxima indiscutible es que en todas

[29] *Œuvres complètes de Joseph de Maistre.*
[30] *Ibidem.*

las sediciones, en todas las insurrecciones, en todas las revoluciones, el pueblo empieza siempre por tener razón y acaba siempre por estar equivocado.»[31]

En esta misma línea, De Maistre propondrá que «el mezclarse de jóvenes y hombres es precisamente el aspecto más hermoso del gobierno aristocrático; todos los papeles están sabiamente distribuidos en el universo: el de la juventud es hacer el bien y el de la vejez es impedir el mal; la impetuosidad de la juventud, que exige acción y creación, es muy útil al Estado; pero como están demasiado movidos a innovar, a demoler, harían demasiado daño si no hubiera una vejez dispuesta a detenerlos: esta, a su vez, tiende a oponerse también a las reformas útiles; es demasiado rígida, incapaz de adaptarse a las circunstancias, y a veces es conveniente colocar a un senador de veinte años al lado de uno de ochenta.»[32]

Fecundidad de su pensamiento

De Maistre fue víctima de la demonización de su obra por parte de quienes veían, aún parcialmente, con simpatía la revolución, considerándolo poco más que a un «apologista del verdugo». Isaiah Berlin le denuncia como iniciador incluso del fascismo, Stendhal le califica de «amigo del verdugo» y Sartre afirmó: «¿De Maistre? Es el censor absoluto.»

---

[31] *Étude sur la souveraineté.*
[32] *Ibidem.*

No cabe duda de que, en ocasiones, su estilo se presta a este tipo de reduccionismos sesgados, pero ello sólo es posible omitiendo elementos sustanciales de su pensamiento. Si los ataques han sido numerosos, también es cierto que notables pensadores han salido en su defensa. Sainte-Beuve lo califica como «filósofo político de primer orden» y Baudelaire escribe que «De Maistre y Edgar Poe me han enseñado a razonar». Albert Camus, en *El hombre rebelde*, desafía esos prejuicios al proclamar al conde De Maistre como el primer gran sociólogo francés. Cioran, por su parte, reconoce la deuda que tiene con De Maistre y le agradece el que, junto a Hegel, haya «abierto la gigantesca cuestión de la filosofía de la historia.» René Girard, reconocido lector del conde saboyardo, lo cita varias veces en su obra seminal *La violencia y lo sagrado*.

No son de extrañar, sin embargo, tantos ataques, pues De Maistre penetró profundamente en el fenómeno revolucionario y en el modo de combatirlo, que se sintetiza en su célebre fórmula: «El restablecimiento del orden, conocido como contrarrevolución, no será en absoluto una revolución contraria, sino lo contrario de la revolución.»[33] De Maistre no se enfrenta a una teoría o corriente revolucionaria entre otras, sino al paradigma mismo de la Revolución, es decir, de la modernidad secularizada.

Tras dos siglos de baños de sangre, desde los crímenes perpetrados en la Vendée hasta el Gulag; baños de sangre planificados y llevados a cabo con implacable y

---

[33] *Considérations sur la France* (Londres, 1796).

demoníaca metodología, perpetrados con la intención de crear al «hombre nuevo» en nombre de sus supuestos derechos promulgados sin Dios y contra Dios, las palabras de De Maistre resuenan hoy con especial fuerza y acierto.

La profundidad de su pensamiento, su poder evocador, sus grandes frescos históricos y teóricos han constituido una inspiración fecunda en pensadores como Antonio Rosmini, para quien De Maistre es un «pensador sublime» dotado de un «espíritu independiente de los prejuicios de su siglo.»

Ignazio Cantoni se preguntaba no hace mucho por qué seguir leyendo a un autor que, por muy importante que haya sido, ahora podría parecer situarse a gran distancia de los problemas actuales y contestaba dando tres respuestas: «En primer lugar, el estudio del pasado es esencial para comprender el presente: con una metáfora cinematográfica, solo se puede entender el fotograma si se ve la película entera... En segundo lugar, De Maistre no solo denuncia la Revolución en su fase política, la dominante en su época: traza el curso de la Revolución hasta su verdadera naturaleza, la impiedad, y ofrece un tratamiento igualmente radical... Por último, De Maistre ofrece también muchas notas importantes para el futuro; cuanto más se profundiza en la historia, más se captan las líneas de fuerza que, viniendo de lejos y pasando por el presente, continúan en el futuro.» Estamos convencidos de que el texto que ahora publicamos cumple con esas condiciones y no dejará de leerse con gran provecho.

Jorge SOLEY CLIMENT

CAPÍTULO I

El hombre es social
por su esencia

E N 1755, la Academia de Dijon sometió a examen la siguiente pregunta: «¿Cuál es el origen de la desigualdad entre los hombres? ¿Está autorizada por la ley natural?».

Huelga decir que esta pregunta estaba mal planteada, puesto que todos los niños saben que es la sociedad la que ha producido la desigualdad de condiciones. De hecho, 'qué es la *ley natural*' fue objeto de otra pregunta aparte.

Habría, pues, que preguntarse: *¿Cuál es el origen de la sociedad? ¿Y es el hombre social por naturaleza?*

Pero esta pregunta se parecía a tantas otras que las Academias proponían por pura formalidad, de las que ni se acordaban al día siguiente ¡y que quizá ni leyera el secretario!

Sea como fuere, Rousseau se apropió de esta cuestión, hecha expresamente para él. Todo aquello que era oscuro, que no tenía un significado definido, todo aquello que se prestaba a divagaciones y equívocos pertenecía especialmente a su dominio.

Dio así origen al discurso *sobre la desigualdad de condiciones entre los hombres*, que causó un gran revuelo en la época, como toda paradoja sostenida por un hombre elocuente, sobre todo si vive en Francia y es popular.

Pero al examinar la obra con calma, uno se asombra de una cosa: de cómo ha sido posible construir una obra sobre una base tan insuficiente. Ni siquiera se roza el fondo de la cuestión. No hay una idea que verdaderamente tenga que ver con la cuestión, que no sea un lugar común; es, en fin, una respuesta delirante a una pregunta formulada en sueños.

Tras una epístola dedicatoria de duración eterna y de un cómico afectado, Rousseau entra en materia.

La Academia había preguntado: 1.º *¿Cuál es el origen de la desigualdad? 2.º ¿Se ajusta a la ley natural?* Rousseau invierte este orden, pero se cuida de dar una respuesta directa: habría faltado a su ingenio si hubiera abordado la pregunta. De hecho, la plantea de forma negativa; esa es su forma de hacer. De modo que la primera parte de su obra, en vez de ser dogmática, es puramente histórica. Supone que *la naturaleza* (este es su gran truco) creó al hombre en un estado de *animalidad*; y, en lugar de probarlo, se entretiene describiendo este estado, que para él es el estado primitivo o el estado de *naturaleza*. Para tal descripción, solo hace falta poesía. Se extiende en este punto, y llega a la página 94 antes de haber pensado siquiera en demostrar su punto de vista.

La segunda parte –que solo tiene 90 páginas– empieza en la página 95. Rousseau comienza con esta célebre frase: «El primero que, habiendo cercado un terreno, dijo 'esto es mío', y encontró gente lo bastante sencilla para creerlo, fue el auténtico fundador de la sociedad civil.»

Sin embargo, esta frase es solo una frase, porque la idea general de propiedad es muy anterior a la de propiedad territorial, y la sociedad es muy anterior a la agricultura. El salvaje posee su choza, su cama, sus perros, sus instrumentos de caza y pesca, igual que nosotros poseemos tierras y castillos. El tártaro *kalmouck*, el árabe del desierto tiene ideas sobre la propiedad tan claras como las del europeo: tiene sus soberanos, sus magistrados, sus leyes, su culto y, sin embargo, no considera oportuno *cercar un terreno y decir esto es mío,* porque le gusta cambiar continuamente de lugar y la idea de un pueblo nómada excluye la de la agricultura.

Podría pensarse que el autor hace aquí una distinción entre *civilización* e instauración de la sociedad y que solo se refiere a la primera en el pasaje citado.

Es cierto que Rousseau, que no se expresa con claridad sobre nada, puede suscitar esta duda utilizando el término equívoco de *sociedad civil*; pero esta expresión queda suficientemente explicada por lo que sigue.

«Hay muchas razones para creer –dice– que en aquel momento (cuando se decidió cercar un terreno) las cosas ya habían llegado a un punto en el que no podían seguir como estaban: porque esta idea de la propiedad, que depende de muchas ideas anteriores que solo pudieron nacer de forma sucesiva, no se formó de golpe en la mente humana: fueron necesarios mucho progreso, mucha industria y muchas ideas, que se transmitieron y aumentaron de edad en edad, antes de que se llegara a este ÚLTIMO TÉRMINO DEL ESTADO DE LA NATURALEZA.»

La idea general de la propiedad, aunque haya tardado siglos y siglos en nacer, fue, pues, el *último término del estado de naturaleza*. Por lo tanto, el pasaje citado solo se refiere a la instauración de la sociedad, ya que es el estado que siguió inmediatamente al último momento *del estado de naturaleza*. Por lo tanto, no debía decirse que la sociedad se produjo cuando el primer hombre cercó un campo, ya que es a todas luces anterior a este acto.

Así pues, Rousseau no solo establece una sincronía entre el cercamiento del primer campo y la instauración de la sociedad, sino que también la supone entre esta instauración y la idea de propiedad en general. A decir verdad, no creo que se diera cuenta de ello: había reflexionado bastante poco sobre su tema como para que esta suposición no fuera improbable.

Después de esta afirmación general, dada como axioma, Rousseau entra en detalles para mostrar mediante qué gradaciones insensibles se establece la desigualdad de condiciones entre los hombres; y he aquí las verdades que revela al mundo.

Aunque el hombre, en estado de naturaleza, tenía poco más contacto con sus congéneres que con otros animales, sin embargo, a fuerza de compararse con estos bípedos y especialmente con su *hembra*, hizo «EL IMPORTANTE DESCUBRIMIENTO de que su forma de pensar y sentir era plenamente conforme a la suya.»[1] Se reunían en manadas[2]

---

[1] *Discurso*, p. 101. [Conservamos las notas a pie de página de la edición original.]

[2] *Idem*, p. 102.

para cazar, un ciervo, por ejemplo, y por razones similares[3]; pronto encontraron piedras duras y afiladas para cortar madera y cavar en la tierra. Cansados del cobijo que les proporcionaba un árbol o una cueva, construyeron chozas con ramas, que luego untaron con arcilla y barro: «Primera revolución que formó el establecimiento y la distinción de las familias» e introdujo una forma de propiedad.[4] Los hombres en este estado, al disfrutar de gran cantidad de tiempo libre, lo emplearon para procurarse muchas clases de comodidades desconocidas para sus padres. «Este fue el primer yugo y la primera fuente de males.»[5] Empezaron a acercarse entre ellos. El hombre, que durante siglos se había apareado con toda sencillez, y era feliz con ello, se atrevió a amar: fue castigado por esta corrupción con los celos, y la sangre se derramó.[6]

Afortunadamente, se empezó a cantar y a bailar delante de las cabañas y alrededor de los árboles; pero he aquí otra desgracia: «El más guapo, el más fuerte, el más hábil, el más elocuente, se convirtió en el más estimado, y este fue el primer paso hacia la desigualdad y al mismo tiempo hacia el vicio.»[7]

Sin embargo, en este estado los hombres vivían «tan libres, buenos, sanos y felices como les permitía su naturaleza, pero desde el instante en que un hombre tuvo necesidad

---

[3] *Idem*, p. 103.

[4] *Idem*, p. 105.

[5] *Idem*, p. 108, t. VII.

[6] *Idem*, p. 111.

[7] *Idem*, p. 112.

de otro, desde que se dio cuenta de que le era útil a un único hombre tener las provisiones de dos, la igualdad, ya atacada por la aristocracia de cantantes, bailarines y guapos, desapareció definitivamente, y se introdujo la propiedad.»[8]

Esta gran revolución fue producida por la metalurgia y la agricultura... «que han perdido al género humano.»[9]

Llegados a este punto, es fácil imaginar el resto[10] y se acabó la historia (p. 126). Total: 30 páginas para responder a la primera pregunta, que convirtió en la segunda.

Lo que sigue es otra obra o tratado sobre el origen del gobierno y del pacto social.

Sin embargo, recapitula e identifica tres períodos distintos en el progreso de la desigualdad. El *primer término*, dice, fue *el establecimiento de la ley y la propiedad* (p. 65). Sin embargo, la aristocracia de la belleza, de la destreza, etc., *fue el primer paso hacia la desigualdad y el vicio* (p. 112), y las piedras afiladas, las cabañas de ramajes, etc., operaron también la *primera revolución*, produjeron el *primer yugo* y fueron la *fuente de los males que han asolado* a la humanidad desde entonces (pp. 105 y 108).

De aquí que se diga que la desigualdad tuvo tres primeros momentos. El segundo fue el establecimiento de la magistratura (p. 165) o, si se prefiere, la metalurgia y la agricultura (p. 118): a escoger.

De esta manera, la desigualdad tuvo tres primeras épocas y dos segundas.

---

[8]   *Idem*, pp. 117-118.

[9]   *Ibidem*.

[10]   *Idem*, p. 126.

¡Qué análisis! ¡Qué profundidad! ¡Qué claridad!

Lo que Rousseau debería habernos dicho, al menos por aproximación, es cuánto duró el primer período en el que los hombres tenían leyes pero no magistratura, que no apareció hasta el segundo período.

El tercer periodo es único, pero notable. *Fue el cambio del poder legítimo al poder arbitrario* (p. 165).

Aquí Rousseau lleva la distracción hasta el extremo de confundir el progreso del género humano en general con el progreso de las naciones particulares.

Considera a todo el género humano como una sola nación, y lo muestra ascendiendo sucesivamente de la *animalidad* a la choza, de la choza a las leyes y la propiedad, de las leyes a la metalurgia o la magistratura, y del gobierno legítimo al despotismo.

De esto se deduce incuestionablemente que los súbditos de antiguos soberanos de Asia, de estos monarcas-dioses cuyas voluntades eran oráculos, estaban mucho mejor gobernados que los espartanos o romanos de la época de Cincinato, puesto que estaban más cerca del origen de las cosas; o que estos mismos espartanos y otros republicanos de siglos posteriores no tuvieron un gobierno legítimo porque llegaron después de la tercera época.

No se trata tanto, al contradecir a Rousseau, de probar que se equivoca cuanto de demostrar que no sabe lo que quiere probar, y esto es lo que ocurre especialmente en su discurso sobre la desigualdad de las condiciones.

Esencialmente, sostiene que la sociedad es mala y que el hombre no está hecho para este estado. Pero si se le pregunta por el estado para el que fue hecho, no sabe qué responder, o contesta sin entenderse a sí mismo. Al fin y al cabo, se determina por el *estado de sociedad iniciado*. «Así pues –dice– las relaciones ya establecidas entre los hombres exigían de ellos cualidades diferentes de las que habían heredado de su constitución primitiva; la moral empezaba a introducirse en las acciones humanas; y siendo cada uno, ante las leyes, el único juez y vengador de las ofensas que había recibido, la bondad propia del estado puro de naturaleza ya no era la que convenía a la sociedad naciente... cuando el terror de la venganza ocupó el lugar de la moderación de las leyes.»

Este estado, en el que los hombres vivían juntos, pero sin leyes,[11] *y en el que el terror a la venganza ocupaba el lugar de la moderación de las leyes*, es, según Rousseau, el mejor estado posible.

«Cuanto más reflexionamos sobre ello –dice– más descubrimos que este estado era el menos sujeto a revoluciones, el mejor para el hombre, del que tuvo que salir únicamente por alguna funesta casualidad[12] que, por el bien

---

[11] Rousseau, que no analiza nada, confunde la ley escrita con la ley en general: por eso supone sociedades sin leyes. También supone que las leyes son anteriores a la magistratura: estas dos ideas tienen la misma fuerza. ¡Creía que el asesinato nunca se castigó antes de que existiera una ley escrita contra el asesinato! Y la costumbre en virtud de la cual se castigaba al asesino con tal o cual pena, ¿no era una ley, puesto que la costumbre no es otra cosa sino la presunta voluntad del legislador? En segundo lugar, puesto que la ley no es más que la voluntad del legislador, activada para reparar los agravios, la ley no puede concebirse sin el órgano de la ley, distinto del legislador o confundido con él. De tal suerte que la idea de ley es una idea relativa en dos sentidos, y es tan imposible concebirla sin un magistrado como sin legislador.

[12] ¡Una casualidad!

común, nunca DEBIÓ[13] haber ocurrido. El ejemplo de los salvajes, casi todos descubiertos ya a estas alturas, parece confirmar que la raza humana fue hecha[14] para permanecer para siempre en este estado; que este estado es la auténtica juventud del mundo[15] y que todo el progreso posterior, en apariencia encaminado hacia la perfección del individuo, va en realidad hacia la decrepitud de la especie.»[16]

Ciertamente nada hay de razón en este fragmento; pero al menos parece que las ideas están claras y que Rousseau muestra un sistema fijo. En todas partes habla elogiosamente de los salvajes: en su opinión, *están muy bien gobernados*[17]; y todos sus ejemplos están tomados de ellos; en más de un sitio insiste en que el argumento de que se ha visto a europeos abrazar la vida de los salvajes mientras que nunca hemos visto a un salvaje abrazar la nuestra: lo que prueba, a lo sumo, es que es más fácil encontrar un bruto entre los hombres que un hombre entre los brutos; cuenta

---

[13] La casualidad que DEBIÓ SER. Efectivamente, ¡estaba muy equivocado! La naturaleza tuvo que pararle para impedirle la llegada.

[14] Decimos en una conversación informal: «Este hombre estaba hecho para tal o cual profesión; ¡lástima que no la siguiera!». Rousseau aprovechó esta expresión y, siguiendo su costumbre, la transportó al lenguaje filosófico. De tal manera que, he aquí un ser inteligente que hecho (aparentemente por Dios) para la vida de los salvajes, se ve arrojado a la civilización por un funesto azar (a pesar de Dios, al parecer). Esta fatal casualidad no debería haber ocurrido, o Dios debería haberse opuesto a ella; ¡pero 'nadie' cumple con su deber!

[15] Rousseau confunde aquí la juventud de una nación con la juventud del mundo: es la misma estupidez que señalé más arriba.

[16] *Discurso sobre las desigualdades*, p. 116.

[17] *Contrato social*, l. III, cap. V.

la historia, verdadera o falsa, de un hotentote educado en nuestra religión y costumbres, y que, cansado de todos estos abusos, *vuelve entre sus iguales*: graba esta historia en el frontispicio de esta obra, y en una nota que *no permite réplica alguna*, nos dice: *Vean el frontispicio*.

Se podría pensar que Rousseau está a favor del estado salvaje, pero es equívoco: dos páginas antes, se lleva la contraria a sí mismo.

Todo hombre moral es sensible y se subleva ante el embrutecimiento y la crueldad de estos salvajes de América cuya feliz existencia se atreve a ensalzar Rousseau; hordas de hombres embrutecidos vagando por los desiertos, casi sin ideas morales y sin conocimiento de la divinidad; ¡con todos los vicios, excepto aquellos que requieren de material, guerras interminables y crueles, el *tomawak*, las cabelleras ensangrentadas, el canto de muerte, la carne humana servida en espantosas comidas, los presos de guerra asados, despedazados, torturados de la forma más horrible! ¡Qué escenas espantosas! Rousseau lo intuyó, y he aquí cómo se adelanta a la objeción: «Por no haber –dice– distinguido lo suficiente las ideas, y por subrayar cuán lejos estaban ya estos pueblos (salvajes) del primer estado de naturaleza, muchos se han apresurado a concluir que el hombre es naturalmente cruel, y que necesita a la policía para pulirlo.»[18]

El salvaje está, pues, muy lejos del primer estado de naturaleza. Hay, así, varios estados de naturaleza, cosa que

---

[18] *Discurso sobre la desigualdad*, p. 114.

debe parecer bastante singular; pero, finalmente, ¿cuál es el bueno? Pues debemos decidirnos. Rousseau responde: «*Este es el estado primitivo*, y nada hay más dócil que el hombre en este estado, cuando la naturaleza lo sitúa a igual distancia de la estupidez de los rudos que de las funestas ideas del hombre civilizado.»[19]

Así, el hombre salvaje ya no es una media proporcional entre la *animalidad* y la civilización, y esta media proporcional debe buscarse entre el estado de animalidad y el del salvaje. Pero ¿cómo puede un hombre mucho menos civilizado que un salvaje situarse, sin embargo, a *igual distancia de la estupidez de un bruto y de la desastrosa ilustración de Newton*, por ejemplo, o de cualquier otro ser degradado? ¿Cómo puede un estado ser a la vez intermedio y *primitivo* o, dicho de otro modo, cómo puede el *primer* estado de *la naturaleza ser* el segundo? Si la vida salvaje es la *juventud del mundo*, y si el *género humano fue hecho para permanecer en ella siempre*, ¿cómo pudo la naturaleza haber hecho al hombre para un estado *en el que la venganza es terrible y los hombres sanguinarios y crueles*,[20] en vez de destinarlo a este estado primitivo (que es el segundo), donde nada era más dócil *que el hombre*?[21]

Pero esto no es todo. Acerquémonos otra vez a los dos pasajes siguientes. Nada podría ser más espinoso.

«Los pueblos salvajes –dice– estaban ya lejos del primer estado de naturaleza... donde el hombre es colocado por la

---

[19] *Idem*, p. 114.
[20] *Ibid*, p. 113.
[21] *Ibid*, p. 114.

naturaleza a igual distancia de la estupidez de los rudos y de las funestas ideas del hombre civilizado» (p. 114).

«En el estado de sociedad ya iniciada... cuando el terror a las venganzas ocupaba el lugar de los frenos de las leyes... estado en el que hemos encontrado a casi todos los salvajes... el desarrollo de las facultades humanas consigue un equilibrio adecuado entre la indolencia del estado primitivo y la petulante actividad de nuestro amor propio» (p. 115 y 116).

Así pues, este bendito estado intermedio existe y no existe en el salvaje. Casi todos los pueblos salvajes se han encontrado en este punto; pero es la falta de atención la que ha hecho que «muchos» no hayan visto «cuán lejos están los salvajes de él».

Una vez más, no se trata de demostrar que Rousseau se equivoca (pues para equivocarse hay que afirmar algo), sino de demostrar que no sabe lo que quiere probar; que no tiene ni plan ni sistema, que «trabaja desordenadamente», como él mismo dice, tal vez sin creerlo,[22] y que todas sus composiciones filosóficas no son más que jirones cosidos y discordantes, a menudo valiosos tomados por sí solos, pero siempre despreciables en conjunto. *Infelix operis summa quia ponere totum nescit.*

(Hay aquí, en el manuscrito del autor, un vacío de dos páginas).

---

[22]   He añadido algunas notas de acuerdo con mi perezosa costumbre de trabajar sobre la marcha.

Si hay una palabra de la que se ha abusado, es la de *naturaleza*. A menudo se ha dicho que un buen diccionario evitaría grandes disputas: veamos, pues, qué significado podemos dar a la palabra *naturaleza*.

1.° Siendo la idea de un ser supremo tan obvia para el hombre, tan arraigada en su espíritu, tan presente en todos sus discursos, es muy sencillo ver, en todas las fuerzas móviles del universo, la sola voluntad del gran Ser; y no siendo todas estas fuerzas otra cosa que los efectos de una fuerza superior y de una causa primitiva, nada impide llamarlas con el nombre general de *naturaleza*. En este sentido, un padre griego decía que *la naturaleza no es más que la acción divina manifestada en el universo*.[23]

2.° No todos los filósofos teístas, en especial los antiguos, creían que los fenómenos visibles o invisibles del universo fuesen la consecuencia inmediata de la voluntad divina. No todos son plenamente conscientes de sus opiniones a este respecto; pero si lo examinamos cuidadosamente, concluiremos que, en general, nos inclinamos a suponer la existencia de una fuerza que actúa en segundo plano en el universo.

Cudworth creía que la idea de que la majestad divina interviniera inmediatamente en la creación de una mosca era indigna,[24] y esto es lo que le llevó a imaginar *su fuerza plástica*. No es este el lugar de examinar el valor de este sistema; pero puede decirse que es casi general sin que lo sepamos y que este sabio inglés se ha limitado

---

[23] *Crisóstomo, apud Grot. de iure.* B y B. L. i., cap. v.
[24] *Rad Cudworthi systema intellect, hujus unic. cum not. Laur. moshemii en proef.*

a circunscribir y rodear de argumentos una idea que reposa, con diversas modificaciones, en todas las mentes. Estamos casi irresistiblemente inclinados a creer en la existencia de una fuerza secundaria que opera visiblemente y que llamamos *naturaleza*. De ahí las expresiones tan comunes en todos los idiomas: la *naturaleza quiere, no quiere, prohíbe, ama, odia, cura,* etcétera. En una palabra, esta expresión es tan necesaria que es imposible prescindir de ella, y suponemos tácitamente la existencia de esta fuerza en todo momento.

Cuando decimos que *la naturaleza* ha cerrado sola una herida sin ayuda de la cirugía, si se nos pregunta lo que queremos decir con esta expresión, ¿qué responderemos? O estamos hablando sin entendernos, o tenemos la idea de una fuerza, de un *poder*, de un *principio* y, por decirlo claramente, de un ser, que opera para preservar nuestro cuerpo y cuya acción bastó, sin necesitar de arte, para cerrar la herida.

Pero esta fuerza, que opera en nosotros, actúa del mismo modo en todos los animales, desde el elefante hasta el más minúsculo insecto, y en todas las plantas, desde el cedro hasta el musgo. Ahora bien, como nada hay aislado en el mundo y no puede haber una fuerza independiente, todos estos principios individuales deben estar relacionados con una causa general que los abarca a todos y que los utiliza como meros instrumentos; o bien esta gran causa, esta naturaleza plástica, debe actuar en todos los individuos de tal modo que lo que consideramos como fuerzas particulares no sea más que la acción particular de un principio general.

No hay otras suposiciones posibles.

Así pues, o bien Dios actúa inmediatamente en el universo o actúa a través de una potencia inmaterial y única, que a su vez lo hace sin mediación o por intermedio de ciertos principios que existen fuera de ella.

Pero sea cual fuere la naturaleza de estos principios, lo cierto es que ejecutan, mediata o inmediatamente, la voluntad de la inteligencia infinita: así, al nombrarlos, le ponemos un nombre.

3.° El conjunto de las partes que componen el todo ha de tener un nombre. De forma general le damos el de *naturaleza*, especialmente al referirnos al universo que habitamos. En este sentido decimos que *no hay dos seres en la naturaleza que se parezcan perfectamente.*

Y, por una natural analogía, seguimos dando el nombre de *naturaleza* al conjunto de las partes o cualidades que componen todo conjunto, aunque este *todo* sea en sí mismo únicamente una parte de un todo mayor.

De esta forma hablamos de *la naturaleza del hombre, del caballo, del elefante, del oro, de la plata, del tilo, de la rosa, del reloj, de la máquina de vapor.*

4.° Finalmente, puesto que el hombre es un agente cuya acción se extiende a todo lo que puede alcanzar, tiene el poder de modificar una multitud de seres y de modificarse a sí mismo: era pues necesario expresar el estado de estos seres, antes y después de que sufrieran la acción humana; y, desde esta óptica, se oponen, por lo general, *la naturaleza* y el arte (que es el poder humano), al igual que se contraponen el árbol silvestre y el árbol injertado.

Así pues, podemos entender por la palabra *naturaleza*: 1.º la acción divina manifestada en el universo; 2.º toda causa que actúa bajo la dirección de la primera; 3.º el conjunto de las partes o cualidades que forman, por su unión, un sistema de cosas o un ser individual; 4.º el estado de un ser susceptible de ser modificado por la acción humana antes de haber sufrido esta modificación. Tras estas explicaciones preliminares, podemos razonar sobre el estado de naturaleza, y si tenemos la desgracia de equivocarnos, al menos no tendremos la desgracia de discrepar.

«El estado de naturaleza –dice Puffendorf[25]– no es la condición que la naturaleza propone principalmente como la más perfecta y la más adecuada para el género humano»; y en otro lugar: «El estado de naturaleza pura y simple... no es un estado al que la naturaleza haya destinado al hombre» (§4).

En otras palabras, el estado de naturaleza va contra la naturaleza o, dicho de otro modo, la naturaleza no quiere que el hombre viva en estado natural.

El enunciado de esta proposición es un poco extraño; pero no debe sorprendernos: basta con entenderse. ¿Qué es, pues, este *estado* puro y simple *de la naturaleza* que va contra ella?

«Concebimos que es aquel en el que todos se encuentran por nacimiento, prescindiendo de todos los inventos y de todas las instituciones puramente humanas o inspiradas en el hombre por la divinidad... y bajo la cual comprendemos no solo las diversas clases de artes con todas las

---

[25] *Droit de la nature et des gens.* liv, I, ch. II, §1, trad. de Barbeyrac.

comodidades de la vida en general, sino también las sociedades civiles, cuya formación es la fuente principal del bello orden que se ve entre los hombres» (*ibid.*, §1).

En una palabra, el hombre en estado de naturaleza «es un hombre caído del cielo» (§2). Puffendorf tiene razón: puesto que el uso ordinario contrapone el estado de naturaleza al estado de civilización, es evidente que el hombre en el primer estado solo es un hombre sin todo aquello que deriva de las instituciones que le rodean en el segundo estado. Es decir, un hombre que no es hombre.

Cito a este célebre jurista, pese a no estar de moda ya, porque expresa ideas más o menos presentes en la mente de todos, y que simplemente tenemos que desarrollar.

Es evidente que, en los textos citados, la palabra 'naturaleza' no puede emplearse en el tercer sentido que le he dado según el uso, es decir, como el *conjunto de partes y fuerzas que constituyen el sistema del universo*, puesto que el conjunto es un artefacto y no un artesano. Por tanto, la palabra *naturaleza* solo puede tomarse en los dos primeros sentidos como expresión de una acción, y en el cuarto, como expresión de un estado.

En efecto, cuando decimos que *la naturaleza* destina o no destina a un ser a un estado, la palabra *naturaleza* evoca necesariamente la idea de una inteligencia y de una voluntad.

Cuando Puffendorf dice que el estado de naturaleza es antinatural, no se contradice: simplemente da a la misma palabra dos significados distintos. En el primer caso, la palabra significa un *estado* y, en el segundo, una *causa*. En el primer caso, significa la exclusión del arte y la civilización; en el segundo, la acción de un agente.

Ahora bien, al igual que en una ecuación una de las partes puede tomarse siempre por la otra, puesto que son iguales, del mismo modo la palabra *naturaleza*, siempre que expresa una *acción*, no pudiendo significar otra cosa que la acción divina manifestada inmediatamente o por mediación de algún agente secundario, se deduce, sin alterar los valores, que podemos sustituir siempre el valor *Dios* por el de *naturaleza*.

Por tanto, la proposición se reduce a lo siguiente: *el estado de naturaleza no es un estado al que Dios haya destinado al hombre*: proposición clara y, además, enteramente razonable.

«No hay absurdo –decía Cicerón– que no haya sido defendido (podría haber añadido: *y no hay verdad que no haya sido negada*) por algún filósofo.» En otro tiempo complacía a los epicúreos, luego a su discípulo Lucrecio y ahora a Rousseau, sostener que el hombre no es un ser social; pero Lucrecio es mucho más moderado que Rousseau. El primero se conformó con defender que, en conjunto, el estado de naturaleza no tiene más inconvenientes que el de asociación,[26] mientras que el ginebrino, que nunca se detiene en el camino del error, sostiene claramente que la sociedad es un abuso: y ha escrito un libro para demostrarlo.

Marco Aurelio discrepaba cuando decía que «un ser es social por el hecho mismo de que es razonable.»[27] Pero Rousseau se remonta a la fuente para descartar el sofisma

---

[26] *Nec nimio tum plusquam nunc mortalia secla Dulcia linquebant labentis lumina vitae* (*De Nat. rer.*).

[27] ἔστι δὲ τὸ λογικὸν εὐθὺς καὶ πολιτικόν. M. Aur. x.

del emperador filósofo, y señala sabiamente que *el hombre que medita es un ser degradado.*[28]

Sin embargo, Rousseau hace una confesión extraordinaria sobre la desigualdad de las condiciones, es decir, de la sociedad. «La religión –dice– nos manda creer que, habiendo el propio Dios sacado a los hombres del estado de naturaleza, estos son desiguales porque él así lo quiso; pero no nos prohíbe hacer conjeturas extraídas de la propia naturaleza del hombre y de los seres que lo rodean, sobre lo que podría haber sido del género humano si hubiera permanecido abandonado a sí mismo.»[29]

En otras palabras, el libro de Rousseau pretende averiguar qué habría sido del género humano si no hubiera existido Dios, o si los hombres hubieran actuado SIN Dios.

¡He aquí un libro útil! Voltaire, cuyo corazón no valía nada, pero cuya cabeza era perfectamente sana, hizo muy bien en responder a esta obra únicamente a través de una broma.[30] La fría razón de Voltarie aborrecía estas pomposas declamaciones, estas locuaces tonterías mil veces más

---

[28] *Discurso sobre el origen y los fundamentos de la desigualdad entre los hombres.* Amsterdam, 1750, in-8, p. 22. – En otro lugar, opone claramente el estado de naturaleza con el estado de razonamiento (*Ibidem*, p. 72).

[29] *Ibidem,* p. 6. Se observa ya en este pasaje el principal defecto de Rousseau como filósofo: el de emplear siempre las palabras sin comprenderlas. Por ejemplo, un ser abandonado a sí mismo, filosóficamente hablando, es una expresión que no significa nada.

[30] «Su libro me da ganas de andar a gatas: pero como he perdido la costumbre de hacerlo en los últimos 60 años», etc.

insoportables que las inocentes simplezas de los hombres sin pretensiones.

Antes de examinar si el hombre está o no hecho para la sociedad, no podemos dejar de observar que esta cuestión, como todas las que pueden plantearse sobre la moral y la política, solo tiene sentido en el sistema del teísmo y del espiritualismo, es decir, en el sistema de una inteligencia superior cuyos planes pueden ser contrariados por agentes libres de orden inferior.

En efecto, si no hay intención primitiva y si todo lo que existe no es más que el resultado de una cadena de causas ciegas, todo es necesario: ya no hay elección, ni moralidad, ni bien, ni mal.

Rousseau, que abusa de todas las palabras, más que de ninguna otra abusa de la de *naturaleza*. La emplea, sin definirla, en cada página de su discurso sobre la desigualdad de las condiciones; hace con ella lo que quiere; impacienta al sentido común.

Sin embargo, a veces se topa por casualidad con la razón, aunque siempre sin querer asirla. «Sin el estudio serio del hombre... –dice– nunca será posible... separar, en el actual estado de las cosas, lo que la voluntad divina ha hecho de lo que el arte humano ha pretendido hacer.»[31]

En primer lugar, si el arte humano únicamente ha pretendido hacer, no ha hecho nada: así, la obra de Dios permanece en su integridad. Pero no discutamos sobre las palabras con un hombre que las usa tan mal, y

---

[31] *Discurso sobre la desigualdad*, prefacio, p. 69.

supongamos que dijo lo que quería decir. Se trata, pues, de distinguir, en el hombre, lo que ha *hecho la voluntad divina, de lo que ha hecho el arte humano.*

Pero ¿qué es *el arte humano? La naturaleza* no *bastaba;* he aquí otro poder que Rousseau personifica en su lenguaje antifilosófico, y que lleva a escena. Si el arte humano no es la *perfectibilidad*, no sé qué ha querido decir Rousseau.

El castor, la abeja y otros animales también despliegan un *arte* en su forma de resguardarse y alimentarse: ¿también habrá que hacer libros para distinguir en cada uno de estos animales lo que ha hecho la voluntad divina de lo que ha hecho el arte del animal?

Pero, se dirá, el arte del animal es puramente mecánico, hace hoy lo que hacía ayer; mientras que el arte del hombre, tan variado como sus concepciones, es susceptible de más y de menos dentro de una latitud cuyos límites es imposible fijar.

No es este el lugar para discutir sobre la naturaleza de los animales. Basta con observar que el arte del animal difiere del del hombre solo en este aspecto: en el hombre es perfectible, mientras que en los animales no lo es.

Ahora bien, para simplificar la cuestión, imaginemos un hombre solo sobre la tierra que haya durado tanto como toda la raza humana, y que haya reunido en sí todas las facultades desplegadas sucesivamente por todos los hombres.

Por la propia naturaleza de las cosas, no podía haber sido creado como niño porque no habría podido sobrevivir. Así pues, poseía al nacer todas las fuerzas del hombre adulto e incluso algunos de nuestros conocimientos adquiridos: de lo contrario, habría muerto de hambre antes de haber podido descubrir el uso de la boca.

Supongamos, pues, que este hombre, aquejado por las inclemencias, se refugia en una cueva: hasta entonces sigue siendo un *hombre natural*; pero si, al encontrarla demasiado estrecha decide ampliar el refugio tejiendo unas cuantas ramas sostenidas por estacas a la entrada, eso es, indudablemente, arte. ¿Dejó entonces de ser *un hombre natural* y ese techo de hojas *pertenece a la voluntad divina o al arte humano*? Rousseau habría defendido probablemente que el hombre ya estaba corrompido para entonces.[32] Lean las extravagantes líneas con las que empieza el *Emilio*: vean que «todo es bueno cuando sale de las manos del autor de las cosas; pero que todo degenera en manos del hombre; que obliga a una tierra a alimentar las producciones de otro, a un árbol a cargar con el fruto de otro; [...] que todo lo trastorna, que todo lo desfigura; que ama las deformidades, los monstruos», etc. Sigan este razonamiento y verán que es un abuso cocer un huevo. En cuanto se oponen arte humano y naturaleza, ya no se sabe dónde parar: hay quizá tanta distancia entre la cueva y la cabaña como entre la cabaña y la columna corintia, y como todo en el hombre es *artificial* en su calidad de ser inteligente y perfectible, resulta que despojándole de todo lo que tiene que ver con el *arte*, se le quita todo.

---

[32] «El primer hombre que se fabricó ropa o un lugar donde vivir se dio al hacerlo cosas poco necesarias, ya que hasta entonces había prescindido de ellas», etc. (*Discurso*, p. 27.)

Burke dijo, con una profundidad imposible de admirar suficientemente, que «el arte es la naturaleza del hombre»: he aquí la gran palabra que contiene más verdad y más sabiduría que las obras de una veintena de filósofos conocidos.

«No es empresa pequeña –añade Rousseau– desentrañar lo que hay de original y de artificial en la naturaleza actual del hombre, y conocer bien un estado que ya no existe, que quizá nunca existió.»[33]

Esta última suposición es la única verdadera, y hay que admitir que nada es más *difícil que conocer bien un estado que nunca ha existido*. Es absurdo imaginar que el Creador haya dado a un ser facultades que nunca debe desarrollar, y más absurdo aún suponer que un ser cualquiera pueda darse facultades a sí mismo, o utilizar las que ha recibido para establecer un orden de cosas contrario a la voluntad del Creador. La moralidad de las acciones humanas consiste en el hecho de que puede hacer el bien o el mal en la situación en la que está, pero en absoluto en el hecho de que pueda cambiar esta situación: pues está suficientemente claro que todas las esencias son invariables. Así, depende del hombre hacer el bien o el mal en la sociedad, pero no ser social o no serlo.

No hubo, pues, estado de *naturaleza en el* sentido de Rousseau, porque nunca ha habido un momento en el que no existiera el arte humano. Si queremos llamar *estado de naturaleza* al estado del género humano cuando la industria humana no había dado más que un pequeño

---

[33] *Discurso sobre la desigualdad,* p. 58.

número de pasos inciertos hacia adelante, que así sea: basta con estar de acuerdo; pero queda demostrado que, en el progreso de la especie humana hacia la perfección de las artes y de la civilización –progreso realizado a través de matices imperceptibles– es imposible trazar una línea filosófica que separe un estado de otro.

El animal encuentra a su alcance todo lo que necesita. No tiene el poder de apropiarse de los seres que le rodean y modificarlos para su propio uso. El hombre, en cambio, no encuentra más que materias primas para su disfrute, y a él le corresponde perfeccionarlas. Todo se resiste a su poder animal, todo se doblega ante su inteligencia. Escribe en los tres reinos de la naturaleza los títulos de su grandeza, y el sabio que ha recibido ojos para leerlos se exalta hasta el éxtasis.

Siendo, pues, el *arte humano* –o perfectibilidad– la *naturaleza del hombre*, es decir, la cualidad que le hace ser lo que es por voluntad del Creador, preguntar lo que en el hombre pertenece a la voluntad divina y lo que pertenece al arte humano es tanto como preguntar lo que en el hombre procede de la voluntad divina o de la naturaleza que ha recibido de la voluntad divina.

Pero Rousseau, que nos representa «el estado de naturaleza como un estado en el que el hombre no razonaba»,[34] en el que «estaba abandonado a sí mismo»,[35] en el que, «al no tener ningún tipo de relación o deber conocido con sus

---

[34] *Discurso sobre la desigualdad*, p. 72.
[35] *Ibidem*, p. 6.

semejantes no podía ser ni bueno ni malo»,[36] donde «vivía aislado en los bosques entre los animales»,[37] «vagaba por los bosques sin industria, sin habla, sin relaciones... tal vez incluso sin jamás reconocer individualmente a uno de sus semejantes»,[38] en el que «la violencia y la opresión eran imposibles»,[39] este Rousseau, digo, había defendido al principio que la violencia y la opresión eran las que acababan con el estado de naturaleza; y lo que dice al respecto es tan extraño que hay que leerlo dos veces para creérselo.

«Entonces –dice Rousseau– ¿de qué se trata precisamente en este discurso (sobre la desigualdad)? De señalar, en el progreso de las cosas, el momento en que el derecho, sucediendo a la violencia, sometió la naturaleza a la ley; de explicar el encadenamiento de prodigios por los que el fuerte pudo decidirse a servir al débil, y el pueblo a comprar una existencia imaginaria al precio de una felicidad real.»[40]

Así pues, los hombres ya no estaban dispersos; aunque en el estado de naturaleza estaban, pese a todo, unidos en sociedad; pero se introdujo la violencia entre ellos; y, para salir de este estado que solo era agotador para los *débiles*, los *fuertes*, que eran los amos, consintieron *en servir a los débiles y someter la naturaleza a la ley.* Y el pueblo, que era feliz bajo el imperio de la violencia, cambió esta felicidad *real* por la felicidad *ideal* dada por las leyes.

---

[36] *Ibidem*, p. 63.
[37] *Ibidem*, p. 44.
[38] *Ibidem*, p. 84.
[39] *Ibidem*, p. 3.
[40] *Ibidem*, p. 3.

Si resumimos los diferentes objetos que Rousseau proponía en su discurso sobre la desigualdad, descubrimos que escribió su libro para saber:

1.º En qué se habría convertido la humanidad tras la creación, si no hubiera existido Creador;

2.º Para distinguir en la constitución humana lo que procede de la voluntad divina de lo que procede de la voluntad humana;

3.º Para formarse ideas precisas y dar una descripción perfecta de un estado que nunca existió;

4.º Por último (y esto es PRECISAMENTE lo que nos ocupa) para *averiguar a través de qué sucesión de prodigios* la violencia, que no era posible en el estado de naturaleza,[41] forzó a los hombres a salir de este estado; y cómo el *pueblo*, poseyendo *una verdadera felicidad* bajo el imperio dichoso de la violencia, pudo decidirse a rechazarla para gozar de *un descanso irreal* bajo el duro e insoportable reino de la ley.

Que no se diga que he añadido algo de mi cosecha en esta breve exposición para ridiculizar a Rousseau.

Si no son expresamente sus palabras, sí es su significado. El mejor modo de desmentir a este supuesto filósofo es analizarlo y traducirlo a un lenguaje filosófico:

---

[41] «Siempre oigo repetir que el más fuerte oprimirá al más débil; pero que alguien me explique qué significa la palabra opresión... Lo observo entre nosotros, pero no veo cómo podría tener lugar entre hombres salvajes a los que incluso sería muy difícil hacerles comprender lo que son la servidumbre y la dominación... ¿Cómo conseguirá un hombre hacerse obedecer?... Si me persiguen en un árbol, me basta con ir a otro...» (*Discurso*, etc., p. 89.)

entonces nos sorprendemos de haberle prestado siquiera un instante de atención.

La fuente de sus errores, además, estaba en el espíritu de su época, al que rendía tributo sin darse cuenta. Pero lo que tenía de particular era un carácter excesivo que le llevaba siempre a exagerar sus opiniones. En el caso de otros escritores, el error avanza lentamente y oculta su progreso; pero en Rousseau no hay el más mínimo pudor. Sus locas ideas de independencia y libertad le han llevado a añorar la condición de los animales y a buscar el verdadero destino del hombre en la ausencia de toda moral. Lo representa en su ESTADO NATURAL, «desnudo y desarmado, obligado a defender su vida y su presa contra las OTRAS bestias feroces.»[42]

En este estado, «los hijos permanecen ligados al padre mientras lo necesitan para preservarse. En cuanto cesa la necesidad, el vínculo natural se disuelve. Todos vuelven por igual a la independencia, los hijos libres de la obediencia que debían al padre; el padre libre del cuidado que debía a los hijos.»[43]

En cuanto a la unión de los sexos, «una vez que su apetito está satisfecho, el hombre ya no necesita tal o cual mujer, ni la mujer tal o cual hombre. El hombre no tiene la menor preocupación ni quizá la menor idea de las consecuencias de su acción. Uno se va en una dirección, la otra en otra, y no parece que después de nueve meses tengan recuerdo alguno de haberse conocido. Este tipo de

---

[42] *Discurso*, p. 14.
[43] *Contrato social*, lib. 1, c. II.

memoria por la que un individuo da preferencia a otro para el acto de la procreación supone más progreso o CORRUPCIÓN en el entendimiento *humano* de lo que puede suponer en su estado de ANIMALIDAD, etc.»[44]

Todo lector honesto que tenga alguna idea de la dignidad de su naturaleza se siente primero indignado por estas absurdas bajezas; pero pronto la compasión vence a la ira, y nos conformamos con decir:

> ¡Feliz si en su tiempo, por cien buenas razones,
> Ginebra hubiera poseído pequeñas casas!
> ¡Y que un sabio tutor hubiera encerrado
> en esa morada por orden de sus padres
> desde temprana edad!

Podemos imaginar dos formas de conocer el destino del hombre: la historia y la anatomía. La primera muestra lo que siempre ha sido; la segunda, cómo sus órganos responden a su destino y lo certifican.

Cuando un naturalista escribe la historia natural de un animal, no tiene más guía para conducirse que los hechos. Pienso que los científicos del siglo pasado actuaron de forma más filosófica de lo que creemos hoy en día al basar la política en la erudición. Este método desagrada mucho a nuestros modernos charlatanes, y tienen sus razones para encontrarlo erróneo. Es más fácil insultar a la ciencia que adquirirla.

---

[44] *Discurso*, nota 10, n.º 4, p. 248.

Rousseau le reprocha a Grocio su costumbre de «establecer siempre el derecho a través de los hechos». «Esta –dice– es su forma más constante de razonar. Podría establecerse una manera de hacer las cosas más coherente, pero no más favorable para los tiranos.»[45]

¿Cómo no asombrarse de la extrema ligereza con la que los ignorantes de hoy hablan de los prodigios de la ciencia que, en los dos últimos siglos, han abierto, con increíble trabajo, todas las minas que ahora explotamos tan convenientemente? Se puede, sin duda, abusar de la erudición; pero, en general, no es un método tan malo como el de *establecer* la ley por los hechos: para conocer la naturaleza del hombre, el medio más corto y más sabio es, sin duda, conocer lo que siempre ha sido. ¿Desde cuándo las teorías pueden oponerse a los hechos? La historia es la política experimental; es la mejor, o, más bien, la única conveniente. Rousseau ha tratado la política como Buffon la física y es, con respecto a los eruditos que despreciamos, lo que el naturalista francés a Haller o a Spallanzani. Se critica a Grocio por haber citado a poetas en apoyo de algunos de sus sistemas; pero, para establecer hechos, los poetas son tan buenos testigos como los demás escritores. El abate Mau ha prestado un verdadero servicio a la ciencia recopilando las diversas autoridades que establecen los cambios que ha experimentado la temperatura de los distintos climas desde los tiempos antiguos. Ovidio, al describir los fríos atroces que experimentó en su exilio, presenta algunos elementos

---

45 *Contrato social*, lib. I, cap. II.

muy originales para la comparación, y es tan pertinente citarlo como hacerlo con un historiador. Homero, en el segundo libro de la *Ilíada*, describe una sedición que surgió entre los griegos, cansados del largo asedio de Troya. Corren en tropel hacia las naves y quieren marcharse en contra de la opinión de sus jefes, por lo que el sabio Ulises, instado por Minerva, se lanza en medio de los sediciosos y les dirige, entre otras, estas notables palabras:

> Demasiados jefes os perjudicarían; que un solo hombre lidere el imperio.
> No podéis, oh griegos, ser un pueblo de reyes.
> El cetro pertenece a quien el Cielo quiso elegir
> Para gobernar sobre la multitud y darles leyes.[46]

No me es en absoluto indiferente saber lo que el antiguo sentido común pensaba de la soberanía, y cuando recuerdo haber leído en San Pablo que *todo poder viene de Dios* me gusta leer en Homero, más o menos en los mismos términos, *que la dignidad* (del rey) *viene de Júpiter que lo estima*.[47] Me gusta escuchar este oráculo de Delfos dicho a los lacedemonios dispuestos a aceptar las leyes de Licurgo; oráculo que Plutarco nos ha transmitido según el Viejo Tirteo, y que califica a los reyes de *hombres divinamente revestidos de majestad*.[48]

---

[46] Hom, *Ilíada* ii, v. 203 y ss.
[47] τιμὴ δ᾽ ἐκ Διός ἐστι, φιλεῖ δέ ἑ μητίετα Ζεύς. Hom. *Ilíada*. ii, 197.
[48] Plutarco, en *Licurgo*. – No es demasiado, creo, rendir Θεοτιμητους. *Graiis dedit ore rotundo Musa loqui.*

Confieso mi debilidad: estos textos, aunque tomados de poetas, me interesan más, me dan más que pensar que todo el *Contrato social*.

Debemos agradecer a los escritores que nos enseñen lo que los hombres han hecho y pensado en todas las épocas. El hombre imaginario de los filósofos es ajeno a la política, que solo trabaja sobre lo que existe.

Ahora bien, si preguntamos a la historia qué es el hombre, la historia nos dice que el hombre es un ser social, y que siempre se le ha observado en sociedad. No necesitamos preocuparnos por unos cuantos hombres salvajes y aislados encontrados en los bosques y viviendo como bestias. Estas historias, si son verdaderas, son anomalías tan infrecuentes que han de colocarse al margen del examen de la cuestión que nos ocupa: sería demasiado irrazonable buscar la naturaleza general de la especie en los accidentes del individuo. Y hay que señalar que no se nos puede decir: *Demostrad que el hombre ha vivido siempre en sociedad,* pues responderíamos: *probad que ha vivido de otra manera, y*, en este caso, replicar es responder, porque tenemos a nuestro favor no solo el estado actual del hombre, sino su estado a través de los siglos, atestiguado por los monumentos indiscutibles de todas las naciones.

Los filósofos, y Rousseau en particular, hablan mucho de los *primeros hombres*; pero habría que ser claro: estas expresiones vagas no presentan ninguna idea determinada: fijemos su número, diez mil, por ejemplo; incluso situémoslos en otro lugar, para estar más cómodos, en Asia, por ejemplo. Estos hombres que ahora vemos tan claramente, ¿de dónde proceden? ¿Descienden de una o varias parejas?

Aquí podemos invocar un principio general que el ilustre Newton convirtió en una de las bases de su filosofía: «No debemos admitir en filosofía más causas de las necesarias para explicar los fenómenos de la naturaleza».[49] En efecto, como bien dijo Pemberton al explicar este principio, «cuando una pequeña cantidad de medios es suficiente para producir un efecto, no deben empelarse más». La cuestión es bastante clara: «Si nos tomáramos la libertad de multiplicar las causas físicas sin necesidad, toda nuestra investigación filosófica nos conduciría a un puro pirronismo, ya que la única prueba que podemos tener de la existencia de una causa es su necesidad de producir efectos conocidos. Así, cuando una causa es suficiente, es inútil imaginar otra, puesto que, al ser esta otra causa aniquilada, no por ello el efecto dejaría de existir.»

Y Linneo, aplicando esta máxima indiscutible al tema que nos ocupa en este capítulo, observa que «una larga sucesión de siglos puede haber producido causas accidentales para todas las variedades que observamos en cada especie distinta de animal; así pues, podemos admitir como axioma que en el origen hubo una única pareja de cada especie de animal que se multiplica por medio de ambos sexos.»[50]

Así, la razón habla tan alto como la revelación para establecer que el género humano desciende de una sola pareja. Pero esta pareja, al no haber pasado nunca por el estado de infancia, y al haber gozado desde el momento

---

[49] Newton, *Elementos de filosofía*, Introducción, p. 29, 1755.
[50] Linneo, citado en *l'Esprit des journaux*, mayo de 1794, p. 11.

de su creación de todas las facultades de nuestra naturaleza, debió necesariamente estar revestida, desde ese mismo instante, de todos los conocimientos necesarios para su conservación; además, al estar sola y rodeada de animales más fuertes que ella, debió necesariamente estar dotada de una fuerza, de un poder proporcional a sus necesidades. Por último, como toda inteligencia creada tiene una relación natural con la inteligencia creadora, el primer hombre debió tener amplios conocimientos sobre su naturaleza, sus deberes y su destino, conocimientos que presuponen otros muchos, pues no existe la barbarie parcial. Esto nos conduce a una importante consideración: el ser inteligente solo puede perder sus conocimientos primitivos a través de acontecimientos de orden extraordinario, que la razón humana, reducida a sus propias fuerzas, solo puede entrever. Rousseau y tantos otros causan lástima al confundir constantemente el hombre primitivo y el hombre salvaje, cuando estos dos seres son precisamente los dos extremos. Los misterios nos rodean por doquier: quizá si supiéramos lo que es un salvaje y por qué los hay lo sabríamos todo. Lo que es seguro es que el salvaje es necesariamente posterior al hombre civilizado. Tomemos el ejemplo de América. Este país tiene todas las características de una tierra nueva. Ahora bien, como la civilización existe desde siempre en el mundo antiguo, se deduce que los salvajes que habitaban América en la época de su descubrimiento descendían de hombres civilizados. Debemos admitir necesariamente esta propuesta o defender que eran salvajes de padres a hijos desde la creación, lo que sería extravagante.

Cuando observamos una nación en particular, la vemos elevarse desde algún estado de rudeza hasta el último término de la civilización. De ahí, los observadores superficiales han deducido que la vida salvaje es el primer estado del hombre o, para emplear sus términos sin sentido, el *estado de naturaleza*. Hay dos enormes errores en esta afirmación. En primer lugar, las naciones son *bárbaras* en su infancia, pero no *salvajes*. Lo bárbaro es una media proporcional entre el salvaje y el ciudadano. Ya posee una cantidad infinita de conocimientos; tiene viviendas, alguna forma de agricultura, de animales domésticos, de leyes, un culto, tribunales regulares: solo le falta la ciencia. La vida sencilla no es la vida salvaje. Existe un monumento único en el universo, el más valioso de su género considerado como un simple libro histórico: el Génesis. Sería imposible imaginar un cuadro más natural de la infancia del mundo. Tras este libro viene la Odisea, *longo sed proximus intervallo*. El primer monumento no presenta huella alguna de vida salvaje; y en el segundo, que es muy posterior, encontraremos la sencillez, la barbarie, la ferocidad, pero en absoluto el embrutecimiento de los salvajes. Este estado se ha observado solo en América; al menos no hay pruebas de que existiera en otros lugares. Los griegos nos han hablado de un tiempo en que sus antepasados desconocían la agricultura, en el que vivían de los frutos espontáneos de la tierra. Decían que este descubrimiento vino de la mano de una deidad. Se puede pensar lo que se quiera de la época de la agricultura de los antiguos griegos. Si la civilización perfecta necesita de la agricultura, la sociedad puede sencillamente prescindir de ella. ¿No sabemos acaso que los griegos eran niños, como bien dice el sacerdote egipcio en el *Timeo*? Sin el menor conocimiento de la antigüedad, solo se conocían a sí mismos, todo lo remitían a ellos y, para ellos, los primeros hombres fueron los primeros habitantes de Grecia.

Por lo tanto, si había auténticos salvajes entre los griegos, eran tan jóvenes que nada podría concluirse sobre el estado primitivo del hombre.

Consultemos a los antiguos y famosos egipcios: ¿qué nos dirán? Que Egipto, después de haber sido gobernado por los ocho primeros dioses durante un período de tiempo cuyo inicio es imposible determinar, cayó en poder de los doce dioses siguientes, casi 18.000 años antes de nuestra era; que los dioses del tercer orden reinaron a continuación durante 2.000 años; que desde el primer rey-hombre que subió al trono, como todo el mundo sabe, en el año 12.356, hasta Moeris, hubo 330 reyes de los que nada sabemos, excepto que reinaron durante 10.000 años.

Si pasamos de los egipcios a los orientales, mucho más antiguos que ellos, como lo demuestra la sola inspección del terreno egipcio, encontraremos todavía miríadas de siglos en los que siempre el reinado de los dioses precede al de los hombres. En todas partes hay teofanías, encarnaciones divinas y alianzas entre héroes y dioses; pero no hay rastro del supuesto estado de *animalidad* con el que algunos filósofos nos han acunado. Ahora bien, nunca debemos olvidar que las tradiciones de los pueblos, y especialmente las tradiciones generales, son necesariamente verdaderas en un sentido, es decir, que admiten alteraciones, exageraciones y otros ingredientes de la debilidad humana. Pero su carácter general es inalterable y se basa necesariamente en la verdad. En efecto, una tradición cuyo objeto no sea un hecho particular no puede comenzar contra la verdad: no se puede pensar otra cosa. Si los pueblos antiguos hubieran vivido durante siglos en un estado de brutalidad, jamás habrían imaginado el reino de los dioses y las comunicaciones divinas; al contrario, habrían disertado sobre este estado primitivo y los poetas nos habrían pintado a los hombres pastando en los bosques, con pelo y garras y sin siquiera saber hablar. Y, en efecto, esto es lo que nos han contado los poetas griegos y latinos, porque los griegos, al haber tenido antepasados no salvajes, sino bárbaros, se recrearon en este estado de barbarie, al igual que los poetas latinos, sus copistas; pero no sabían nada acerca de la antigüedad y, sobre todo, desconocían enormemente las lenguas antiguas. Esto es lo que obligaba a sus sabios a viajar y a ir a las orillas del Nilo o del Ganges, para preguntar a hombres más antiguos que ellos.

Cuanto más consultemos la historia y las tradiciones antiguas, más nos convenceremos de que el estado salvaje es una verdadera anomalía, una excepción a las reglas generales; que es posterior al estado social; que si ha existido más de una vez, es cuanto menos muy poco común en la duración general; que incuestionablemente solo ha existido en América; y que, en lugar de preguntarse cómo el salvaje puede elevarse de su estado de embrutecimiento a la civilización, es decir, cómo una planta doblada puede enderezarse, sería mejor plantearse la pregunta contraria.

En América septentrional se han hallado una inscripción y unas figuras antiguas que Court de Gébelin ha explicado de forma risible en su *Mundo primitivo*. En el mismo país, aún más al norte, se han encontrado vestigios de una fortificación regular. Los hombres que construyeron estos monumentos, ¿eran los antepasados de los americanos modernos, o no lo eran? En la primera hipótesis, ¿cómo ese pueblo se ha embrutecido en su propio suelo? En la segunda, ¿cómo se embrutecieron en otro lugar y sustituyeron a un pueblo civilizado al que hicieron desaparecer o que había desaparecido antes de la llegada de estos nuevos habitantes? Son preguntas interesantes, destinadas a ejercitar la agudeza de la mente. Sin duda, nadie tiene derecho a exigir soluciones sencillas: llevamos tan poco tiempo observando, sabemos tan poco de la verdadera historia de los hombres, que difícilmente podemos esperar de las mejores mentes otra cosa que conjeturas más o menos atinadas; pero lo que hace perder la paciencia es ver a estos hombres, que pasan por alto los mayores misterios sin darse cuenta, venir después, en tono altanero y apocalíptico, a soltarnos como si fueran iniciados lo que todos los niños saben y todos los hombres han olvidado; ir a buscar la historia del hombre primitivo en unos cuantos hechos particulares y modernos; curiosear unos cuantos viajeros de ayer, extraer de sus relatos lo verdadero y lo falso para decirnos ostentosamente: «¡OH HOMBRE! Sea cual fuere tu tierra, y sean cuales fueren tus opiniones, escucha: he aquí tu historia tal y como *me pareció leerla*,[51] no en los libros de tus semejantes, que mienten, sino en la naturaleza, que nunca miente.»

---

[51] Son prácticamente las únicas palabras que podemos salvar en el *Discurso sobre la desigualdad*.

¿No es Rousseau *semejante* a sus lectores?; ¿no es su discurso un libro?; ¿solo él, entre todos los hombres que han existido ha sido capaz de leer *la naturaleza*, vieja niñera que le ha contado todos sus secretos? A decir verdad, es difícil imaginar cómo semejante malabarismo ha podido obtener siquiera un instante la atención.

Dondequiera que el hombre ha podido observar al hombre, siempre lo ha encontrado en sociedad: este estado es pues, para él, un *estado de naturaleza*. Poco importa que esta sociedad esté más o menos avanzada en las distintas familias humanas: siempre es sociedad. Ni siquiera los salvajes son una excepción, primero porque también viven en sociedad, y segundo porque solo serían una degradación de la especie, una rama separada de algún modo del gran árbol social.

La anatomía del hombre, de sus facultades físicas y morales, completaría la demostración si algo faltara a aquella que la historia nos ha proporcionado. Su mano controla todo lo que le rodea. Las sustancias más refractarias del reino mineral ceden a su poderosa acción. En los reinos vegetal y animal su imperio es aún más evidente: no solo somete a una multitud de especies de ambos órdenes, sino que las modifica, las perfecciona, las hace más aptas para su alimento o sus placeres; los animales con los que puede relacionarse deben servirle, alimentarle, divertirle o desaparecer. La tierra, trabajada por el hombre, le proporciona infinidad de productos. Alimenta a los demás animales; solo le obedece a él. El agente universal, el fuego, está a sus órdenes y le pertenece únicamente a él. Todas las sustancias conocidas se unen, dividen, endurecen, ablandan, se funden y se vaporizan por la poderosa acción de este elemento. Su arte, combinando agua y fuego, obtiene fuerzas incalculables. Instrumentos admirables lo transportan a las esferas celestes; los cuenta, los mide, los pesa; adivina lo que no puede ver; se atreve a más de lo que puede; e incluso cuando sus instrumentos se equivocan y sus órganos le traicionan, sus métodos no son menos legítimos; es exacto en su pensamiento, y a menudo es más grande en sus intentos que en sus éxitos.

Sus audaces incursiones en el mundo moral no son menos admirables, pero sus artes y ciencias son los frutos del estado social, y su dominio sobre la tierra se debe absolutamente a la misma causa. Igual que las láminas de un imán artificial, los hombres solo tienen fuerza en su unión; aislados nada pueden, y esta es la prueba de que el estado social es *natural*, pues no es lícito pensar que Dios o *la naturaleza*, si queremos emplear el lenguaje ordinario, hayan dado al hombre facultades que no debía desarrollar. Esta contradicción metafísica no cabe en ninguna mente sana. «He demostrado –dice Rousseau– que la perfectibilidad, las virtudes sociales y otras facultades que el hombre natural había recibido nunca podrían desarrollarse por sí solas; para ello necesitaban el concurso fortuito de varias causas ajenas, que podían no nacer nunca, y sin las cuales permanecería eternamente en su condición primitiva.»

Es decir, que Dios había dotado *al hombre* de facultades que debían permanecer en *potencia*, pero que acontecimientos fortuitos que *podrían no haberse dado* hicieron que entraran en acción. Dudo que alguien haya dicho nunca una estupidez semejante. Puesto que la persona que las dijo ya no existe, nada nos impide llamar a las cosas por su nombre.

Es muy inapropiado situar aquí la perfectibilidad, como si fuera una facultad particular, al mismo nivel que las *virtudes sociales y otras facultades* humanas. La perfectibilidad no es una cualidad distintiva del hombre; es, si se me permite expresarlo así, su cualidad de cualidades. No existe en él una sola potencia que no sea susceptible de perfeccionamiento; todo él es perfectible; y decir que esta facultad podía permanecer en *potencia* es decir que, no solo en el ser individual, sino en toda una clase de seres, la esencia podría seguir estando en potencia; y, de nuevo, es imposible calificar esta afirmación.

Es fácil esbozar la anatomía de este error y mostrar cómo se formó. Rousseau veía en todo únicamente la superficie de las cosas y, como no profundizaba en nada, su expresión se reflejaba. Se puede observar en sus obras que toma todas las palabras abstractas en su acepción popular: habla, por ejemplo, de sucesos *fortuitos* que podrían no haber ocurrido. Dejemos de lado las generalidades y vayamos a supuestos particulares. Ve a dos salvajes aislados que, paseándose cada uno por su lado, se encuentran y deciden irse a vivir juntos: dice que se encuentran *por casualidad*. Rousseau ve una semilla que se desprende de un arbusto y cae en una tierra lista para fertilizarla; ve a otro salvaje que, al darse cuenta de la caída de la semilla y de la germinación subsiguiente, recibe así la primera lección de agricultura: dice que la semilla cayó *por casualidad*, que el salvaje la vio *por casualidad*; y, como no es necesario que un hombre se encuentre con otro, ni que determinada semilla caiga, llama a estos hechos *sucesos fortuitos que podrían no haber ocurrido*. Su criada habría hablado exactamente como él. Sin examinar si puede decirse –y hasta qué punto puede decirse–, que lo que sucede podría no suceder, es al menos cierto que los planes generales del Creador son invariables: por consiguiente, si el hombre está hecho para la sociedad, un salvaje bien puede no encontrarse con otro; pero en general los salvajes tendrán que encontrarse[52] y convertirse en hombres. Si la agricultura es propia del hombre, será muy posible que una semilla cualquiera no caiga en cualquier suelo; pero es imposible que la agricultura no sea descubierta de esta manera o de cualquier otra.

Así pues, las facultades del hombre prueban que está hecho para la sociedad, porque una criatura no puede haber recibido facultades para no utilizarlas. Además, puesto que el hombre es un ser activo y perfectible, y puesto que su acción solo puede ejercerse sobre los seres que le rodean, se deduce que estos seres no son por sí solos aquello que deberían ser, porque están coordinados con la existencia y los atributos del hombre, y un ser solo puede actuar sobre otro modificándolo. Si las sustancias fueran refractarias alrededor del hombre, su perfectibilidad sería una cualidad vana puesto que no tendría ni objetos ni materiales. Así, el buey está hecho para arar, el caballo para

---

[52] Razono según las hipótesis de Rousseau, y sin pretender dar a la sociedad un origen tan falso.

ser bridado, el mármol para ser tallado, el árbol silvestre para ser injertado, etc. Así pues, *el arte es la naturaleza del hombre*, y el orden que vemos es el orden natural.

La palabra por sí sola demostraría que el hombre, por esencia, es un ser social. No me permitiré reflexión alguna sobre el origen de la palabra. Bastantes niños han balbuceado sobre este tema como para que yo venga a hacer oír la voz de otro. Es imposible explicar con nuestros medios limitados el origen del lenguaje y su diversidad. Las lenguas no pueden ser inventadas ni por un solo hombre que no habría podido imponerse, ni por varios hombres que no habrían podido ponerse de acuerdo. La palabra no puede expresar lo que es el habla. Limitémonos a decir de esta facultad lo que se ha dicho de aquel que llamamos PALABRA. ¿Quién podrá contar su origen? Solo me permitiré hacer una observación, y es que comúnmente se aplica al origen de la lengua el mismo sofisma que hacemos con el origen de la civilización: examinamos el origen de un idioma en lugar de remontarnos al origen de la lengua, del mismo modo que razonamos sobre la civilización de una familia humana creyendo que hablamos de la del género humano. Si la lengua de una horda salvaje solo tuviera treinta palabras, ¿podríamos concluir que hubo un tiempo en que esos hombres no hablaban y que esas treinta palabras fueron *inventadas*? En absoluto, pues estas palabras serían un *recuerdo* y no una *creación*, y, al contrario, se trataría de saber cómo esta horda, descendiente necesariamente de una de las naciones civilizadas que han pasado por la tierra, cómo, digo, es posible que la lengua de esta nación se haya empequeñecido y metamorfoseado tanto, hasta el punto de no ser más que una jerga pobre y bárbara. Es, en otras palabras, la misma pregunta que se hacía más arriba sobre los salvajes, puesto que la lengua no es más que un retrato del hombre, una especie de parhelio que repite el astro tal y como es.

Por otra parte, estoy lejos de creer que las lenguas de los salvajes sean tan pobres como cabría imaginar. Los viajeros que las han aprendido nos han transmitido discursos pronunciados por estos salvajes que nos dan una idea bastante positiva de la riqueza y la energía de sus idiomas. Todo el mundo conoce la respuesta de un salvaje al que un europeo aconsejaba cambiar de residencia con toda su tribu. «¿Qué esperas que hagamos? –le dice el salvaje– ¿que cuando nos decidamos a partir digamos a los huesos de nuestros padres *levantaos y seguidnos*?». Ciertamente, el diccionario de este buen hombre debía de ser bastante extenso. Horacio, cenando en casa de Mecenas, donde se habla muy bien, podía llamar a su antojo a los primeros hombres *rebaño vil y mudo*[53]; pero estos hombres mudos solo han existido en la imaginación de los poetas. La palabra le es tan esencial al hombre como el vuelo al pájaro. Decir que hubo un tiempo en que el habla era *potencial* en la especie humana y decir que hubo un tiempo en que el arte de volar existía en *potencia* en la especie voladora es absolutamente lo mismo. En cuanto se forma el ala, el pájaro vuela. En cuanto se forman la glotis y los demás órganos del habla, el hombre habla. Mientras

---

[53] *Mutum et turpe pecus* (Horacio, *Sal.*, 1, 3).

aprende, el órgano no está formado, pero se perfecciona con el pensamiento y expresa siempre todo aquello que puede expresar. Así, en rigor, incluso en la propia infancia el órgano no permanece en *potencia*: pues tan pronto como se forma e incluso mientras se está formando, pasa al acto bajo el imperio de una primera causa inteligente. No sabemos lo que es una facultad que no puede desarrollarse; no sabemos lo que es tener un órgano inorgánico.

Pero si el hombre está hecho para hablar, es aparentemente para hablar con alguien; y al ser esta facultad verdaderamente celestial el vínculo de la sociedad, el órgano de todas las empresas del hombre y el medio de su poder, prueba que es social, como prueba que es razonable, siendo el habla solamente la razón externa o la razón manifestada.

Concluyamos, pues, con Marco Aurelio: el *hombre es social* porque *es razonable*. Y añadamos: *pero es corrupto en su esencia, y por consiguiente necesita un gobierno.*

CAPÍTULO II

El hombre nace malvado en una parte de su esencia

EL hombre es un enigma cuyo centro nunca ha dejado de ocupar a los observadores. Las contradicciones que encierra asombran a la razón y la silencian. ¿Qué es, pues, este ser inconcebible que lleva en sí poderes que chocan y que está obligado a odiarse para valorarse?

Todos los seres que nos rodean tienen una sola ley y la siguen en paz. Solo el hombre tiene dos; y, al tirar ambas de él en direcciones opuestas al mismo tiempo, siente un inexplicable desgarro. Tiene una meta moral hacia la que se siente obligado a dirigirse, tiene un sentido del deber y una conciencia de virtud; pero una fuerza enemiga le arrastra, y él la sigue, avergonzado.

Todos los observadores están de acuerdo sobre esta corrupción de la naturaleza humana, y Ovidio se une a san Pablo: «Veo el bien y lo amo, y el mal me seduce / ¡Dios mío! ¡Qué guerra cruel! / Siento dos hombres dentro de mí.»[1]

---

[1] Nota del A. al primer verso: «*Video meliora proboque; deteriora sequor.* (Ovidio, *Metam.*)» Nota del A. al segundo verso: «Racine según San Pablo. *Sentio legem repugnantem*, etc.»

Jenofonte exclamaba también, por boca de uno de los personajes de la Ciropedia: «Ah, ahora me conozco y siento que tengo dos almas, una que me lleva al bien y otra que me arrastra al mal.»[2]

Epicteto aconsejaba al hombre que quería avanzar hacia la perfección que desconfiara de sí mismo «como de un enemigo y un traidor.»[3]

Y el más excelente moralista que jamás haya escrito no se equivocaba al decir que «el gran objetivo de todos nuestros esfuerzos debe ser hacernos más fuertes que nosotros mismos.»

Rousseau no puede contradecir la conciencia universal en este punto. «Los hombres son malos –dice– una triste y continua experiencia ahorra la necesidad de la prueba.»[4] Pero añade inmediatamente, con un orgullo tranquilo que suscita risa: «Sin embargo, el HOMBRE es naturalmente bueno: creo haberlo demostrado.»[5]

Como esta demostración está un tanto diluida en las diversas obras de Rousseau, conviene separarla de su entorno y presentarla al lector reducida a su expresión más sencilla.

El hombre es naturalmente bueno si sus vicios no derivan de su naturaleza. Ahora bien, todos sus vicios provienen de la sociedad, que es contraria a la naturaleza:

Así pues, el hombre es naturalmente bueno.

---

[2] Jenofonte, *Ciropedia*.

[3] Epicteto, *Enchiridion*, cap. 72.

[4] *Discurso sobre la desigualdad*, nota 7, p. 25.

[5] *Ibidem*. – Obsérvese esta finura metafísica: «*Los hombres* son malos, pero el *hombre* es bueno. Por tanto, hombre, vive solo con el hombre y cuídate de los hombres.»

Podemos leer a Rousseau tanto como queramos: no encontraremos nada más sobre el tema ni sobre este montón de arena sobre el que reposan los grandes edificios del *Discurso sobre la desigualdad*, el *Emilio* e incluso parte del *Contrato social*.

Los desarrollos de este silogismo son admirables: por ejemplo, si se piensa que el adulterio enturbia la sociedad, Rousseau responderá inmediatamente: «¿Por qué se casa usted? Se le quita a su mujer porque ya tiene otra: es culpa suya; ¿de quién se queja? En el estado de naturaleza, que es el bueno, uno no se casa, se aparea. Una vez que el apetito está satisfecho, un hombre ya no necesita tal o cual mujer, ni una mujer tal o cual hombre... cada uno se va por su lado... La preferencia dada por un individuo a otro para el acto de la procreación supone... más corrupción en la razón humana de lo que puede suponerse en el estado de animalidad.»[6]

Si la visión de un hijo ilegítimo repugna, es de nuevo culpa de la sociedad, porque en el estado de naturaleza los hijos solo están ligados al padre mientras lo necesitan para sobrevivir; en cuanto esa necesidad cesa, el lazo natural se disuelve, el hijo está exento de obediencia, al igual que el padre lo está de cuidados.[7]

¿Le desagradan los ladrones? Recuerde que es la propiedad la que hace al ladrón, y que la propiedad va directamente contra la naturaleza; que, según el axioma muy bien

---

[6] *Discurso sobre la desigualdad*, nota 10, n.º 4.
[7] *Contrato Social*, 1.i, cap. ii.

aplicado del sabio Locke, no puede haber injuria donde no hay propiedad,[8] que *las guerras, los asesinatos, las miserias, los crímenes y los horrores* de todo orden que abruman al género humano son obra del primer audaz al que, habiendo acotado un terreno, se le ocurrió decir: esto es mío.[9]

La tiranía y todos los males que engendra no tienen otra fuente. En efecto, «¿cuáles podrían ser las cadenas de la dependencia entre hombres que no poseen nada? Si me echan de un árbol, soy libre de ir a otro; si me atormentan en un lugar, ¿quién me impedirá ir a otra parte?» Supongamos que un hombre es lo bastante fuerte como para encadenarme: «Si su vigilancia se relaja un momento, doy veinte pasos en el bosque, mis grilletes se rompen, ya no vuelve a verme más[10] y el tirano vuelve a ser bueno.»

Así pues, la prueba de que el hombre es naturalmente bueno es que se abstiene de hacer todo el mal que podría cometer.

En otros lugares, sin embargo, Rousseau se muestra más razonable. «Meditando –dice– sobre la naturaleza del hombre, creí descubrir dos principios distintos (uno bueno y otro malo). Al sentirme arrastrado, combatido por estos dos movimientos contrarios, me decía: No, el hombre solo es uno: quiero y no quiero; me siento a la vez esclavo y libre; veo el bien, lo amo; y hago el mal.»[11]

---

[8] *Discurso sobre la desigualdad*, p. 114.
[9] *Ibidem*, p. 95.
[10] *Ibidem*, p. 90, 91.
[11] *Emilio*, L.IV, t. VII.

No estoy examinando la penosa conclusión que Rousseau extrae de esta observación: ella sola demostraría que nunca ha visto más que la superficie de los objetos; pero no estoy escribiendo sobre la metafísica.

Es una pena, por otra parte, que Rousseau haya *descubierto* el principio maligno que reside en el hombre: sin él, Sócrates habría tenido la primacía. Uno de sus más ilustres discípulos nos transmitió las ideas de su maestro sobre esta asombrosa contradicción del hombre. *La naturaleza* –decía Sócrates– *ha reunido en este ser* los principios de la sociabilidad y de la disensión: pues, por una parte, vemos que los hombres necesitan ayudarse mutuamente, que sienten piedad por los desgraciados, que tienen una inclinación natural a ayudarse en sus necesidades mutuas, y que están agradecidos por los servicios que reciben; pero, por otra parte, si un mismo objeto despierta los deseos de varios, estos luchan por poseerlo y tratan de suplantarse mutuamente; la cólera y las disputas producen enemistad, la codicia ahoga la benevolencia y de la envidia nace el odio.[12]

Pero si uno de los principios *descubiertos* en el *Emilio* «reduce vilmente al hombre a sí mismo, lo esclaviza al

---

[12] Jenofonte, *Memor. Socr.* L. II, cap. VI. «Todos los días, en nuestros espectáculos, vemos compasión y llanto ante las desgracias de un desdichado, que, si estuviera en el lugar del tirano, empeoraría aún más los tormentos de su enemigo» (Rousseau, *Discurso sobre la desigualdad*, p. 71). – Se podría decir, para emplear colores menos negros: *el que abuchearía en la parte más bella de la obra, si el autor fuera su enemigo.* Es siempre la misma observación bajo diferentes formas.

imperio de los sentidos, a las pasiones que son sus ministros, y por medio de ellas frustra todo lo que el otro principio le inspira»,[13] ¿qué sentido tiene que este último «lo eleve al estudio de las verdades eternas, al amor de la justicia y de la belleza moral, a las regiones del mundo intelectual, cuya contemplación hace las delicias del sabio»?[14]. Puesto que el hombre se compone de un principio que aconseja el bien y otro que hace el mal, ¿cómo puede un ser así convivir con sus semejantes? Hobbes tiene toda la razón, siempre que no dejemos que sus principios lleguen demasiado lejos. La sociedad es en realidad un estado de guerra; aquí encontramos la necesidad del gobierno; pues siendo el hombre malo, debe ser *gobernado*; *cuando muchos quieren lo mismo*, un poder superior a todos los contendientes debe adjudicar la cosa e impedir que luchen: por tanto, debe haber un soberano y leyes; y, bajo su mismo imperio, ¿no sigue siendo la sociedad un campo de batalla *en potencia*? ¿Y qué es la acción de los magistrados sino un poder pacificador y permanente que se interpone constantemente entre los ciudadanos para prohibir la violencia, ordenar la paz y castigar a los que

---

[13] *Emilio*, I.IV.

[14] La escuela de Zenón, meditando sobre la naturaleza del hombre, había descubierto que está viciada, y que el hombre, para vivir de manera coherente con su destino, necesitaba una fuerza purificadora (Δύναμις καθαρτική más fuerte que la filosofía ordinaria, *que habla mucho y no puede nada*: ἄνευ τοῦ πράττειν, μέχρι τοῦ λέγειν (Epict., *apud* Agellium, lib. XVII, cap. XIX); y hay que admitir que las máquinas inventadas por los estoicos para guiar al hombre por encima de sí mismo no eran malas, a la espera de otras mejores.

violan *la gran tregua de Dios*? ¿No vemos que, cuando las revoluciones políticas suspenden este poder divino, las desdichadas naciones que sufren estas conmociones caen bruscamente en este estado de guerra, que la fuerza se apodera del cetro y que esta nación se ve atormentada por un diluvio de crímenes?

El gobierno no es, pues, una cuestión de elección; resulta de la naturaleza misma de las cosas. Es imposible que el hombre sea lo que es y no esté gobernado, pues un scr social y malvado debe estar subyugado. Los filósofos de este siglo, que han sacudido los cimientos de la sociedad, no cesan de hablarnos de los puntos de vista que tenían los hombres cuando se reunían en sociedad.

Basta con citar a Rousseau que habla en nombre de todos. «Los pueblos –dice– se han dado jefes para defender su libertad y no para esclavizarlos.»[15] Este es un craso error, madre de muchos otros. El hombre no se ha *dado* nada; lo ha recibido todo: tiene dirigentes porque no puede prescindir de ellos, y la sociedad no es, ni puede ser, otra cosa que el resultado de un pacto, el de una ley.

Al no considerar oportuno el autor de todas las cosas someter al hombre a seres de naturaleza superior, y como el hombre debe ser gobernado por su semejante, es evidente que lo que es bueno en el hombre debe gobernar lo que es malo. El hombre, como todo ser pensante, es ternario por naturaleza. Es un *entendimiento* que comprende, es una razón o un *logos* que compara y que juzga, es

---

[15] *Discurso sobre la desigualdad*, p. 146.

un *amor* o una voluntad que se determina y actúa; ahora bien, aunque debilitado en sus dos primeras potencias, solo está realmente herido en la tercera, e incluso entonces el golpe que ha recibido no le ha privado de sus cualidades primitivas; *quiere* el mal, pero *querría* el bien; se agita, se repliega en sí mismo, se arrastra dolorosamente como un reptil al que hubieran roto un anillo; la media vida que le queda fue expresada filosóficamente por una asamblea de hombres que no eran en absoluto *filósofos*, cuando dijeron que la voluntad del hombre (o su libertad, que es lo mismo) está lisiada.

Las leyes de la justicia y la belleza moral están grabadas de forma indeleble en nuestras almas, y el más abominable de los canallas las invoca cada día. Vean a los dos bandidos que esperan al viajero en el bosque; lo masacran, lo desvalijan: uno se lleva el reloj, el otro la caja, pero la caja está forrada de diamantes: «¡NO ES JUSTO!», grita el primero, «Hay que repartir a partes iguales». ¡Oh conciencia divina!, tu voz sagrada no cesa de hacerse oír: siempre nos avergonzará de lo que somos, siempre nos advertirá de lo que podemos ser. Pero puesto que esta voz celestial siempre se hace oír, e incluso siempre es obedecida cuando el hombre «no se reduce a sí mismo por este principio maligno que lo esclaviza al imperio de los sentidos y a las pasiones que son sus ministros», puesto que el hombre es infalible cuando su burdo interés no se interpone entre su conciencia y la verdad, puede, por tanto, ser gobernado por sus semejantes, siempre que estos tengan la fuerza de hacerse obedecer. Puesto que el poder soberano reside en una sola cabeza o en un pequeño número de cabezas comparado con el número de súbditos, habrá necesariamente un número infinito de casos en los que este poder no tendrá interés en ser injusto. De esto resulta, en teoría general, que es mejor ser gobernado que no serlo, y que cualquier asociación será más duradera y avanzará con más seguridad hacia su objetivo si tiene un líder, que si cada miembro conserva su igualdad con respecto a todos los demás; y cuanta más distancia tenga el líder de sus subordinados, cuanto menos contacto tenga con ellos, más notable será la ventaja, porque habrá menos posibilidades de favorecer la pasión sobre la razón.

*Análisis de un escrito de J.-J. Rousseau
sobre la desigualdad de condiciones
entre los hombres*
de Joseph de Maistre
terminó de imprimirse
en octubre
de 2024